读懂投资 先知来来

舵手证券图书
www.duoshou108.com

大咖智慧

THE GREAT WISDOM IN TRADING

成长陪跑

THE PERMANENT SUPPORTS FROM US

复合增长

COMPOUND GROWTH IN WEALTH

一站式视频学习训练平台

WWW.DUOSHOU108.COM

舵手证券图书

www.duoshou108.com

盘口分析精要（升级版）

——如何捕捉盘中启动点

鲁斌　著

山西出版传媒集团

山西人民出版社

图书在版编目（CIP）数据

盘口分析精要：如何捕捉盘中启动点：升级版／
鲁斌著.—太原：山西人民出版社，2019.4
ISBN 978-7-203-10340-0

Ⅰ.①盘… Ⅱ.①鲁… Ⅲ.①股票交易-基本知识
Ⅳ.①F830.91

中国版本图书馆 CIP 数据核字（2018）第 062232 号

盘口分析精要：如何捕捉盘中启动点：升级版

著　　者：鲁　斌
责任编辑：张小芳
复　　审：武　静
终　　审：秦继华

出 版 者：山西出版传媒集团·山西人民出版社
地　　址：太原市建设南路 21 号
邮　　编：030012
发行营销：0351-4922220　4955996　4956039　4922127（传真）
天猫官网：http：//sxrmcbs.tmall.com　电话：0351-4922159
E-mail ：sxskcb@163.com　发行部
　　　　　sxskcb@126.com　总编室
网　　址：www.sxskcb.com

经 销 者：山西出版传媒集团·山西人民出版社
承 印 者：三河市京兰印务有限公司

开　　本：710mm×1000mm　1/16
印　　张：17.5
字　　数：250 千字
印　　数：5101-8100 册
版　　次：2019 年 4 月　第 1 版
印　　次：2021 年 8 月　第 2 次印刷
书　　号：978-7-203-10340-0
定　　价：68.00 元

如有印装质量问题请与本社联系调换

"舵手经典证券图书" 开篇序

20世纪末，随着中国证券投资市场的兴起，我们怀揣梦想与激情，开创了"舵手证券图书"品牌，为中国投资者分享最有价值的投资思想与技术。世界经济风云变幻，资本市场牛熊交替，我们始终秉承"一流作者创一流作品"的方针，与约翰＆威立、培生教育、麦格－劳希尔、哈里曼、哈珀＆科林斯等世界著名出版机构合作，引进了一批畅销全球的金融投资著作，涵盖了股票、期货、外汇、基金等主要投资领域。

时光荏苒，初心不改，我们将一如既往地与您分享专业而丰富的投资类作品。我们以书会友，与天南海北的读者成为朋友，收获了信任、支持。许许多多投资者成为我们的老师、知己，给予我们真诚的赞许、批评、建议。更有一些资深人士由此成为我们的编辑、翻译、评审，这一切我们感念于心。

我们希望与每位投资者走得更近，我们希望以"舵手投资学院"的方式，给每位读者提供一个反馈和深化学习的家园、一个交流探索的新平台。我们邀请作者进驻我们的投资交流论坛，为读者答疑解惑（www.duoshou108.com）。在这里，您可以与华尔街投资大师亲密接触；在这里，您可以与全国最聪明的投资者交流切磋；在这里，您可以体验全球最新最全的投资技术课程。这里，必将因为有您而伟大！

盘口是很多投资人都在关注并很想了解的市场技术之一，在图书市场上此类书籍也非常多，但真正有价值的却很少。首先我们要定义盘口分析技术，即什么是盘口分析技术？盘口分析技术包含哪些要素？很多人将盘口和盘面混为一谈，严格来讲，盘口指的是买卖盘挂单、撤单、成交单等一些最原始最基础的反应价格变化的动态数据；而盘面指的是由整个市场状况反映出的市场态势；由盘口动态数据派生出的蜡烛线（俗称"K线"）、美国线及其衍生指标，如宝塔线、压缩图、OX 图等，以及成交量、价格和价量衍生性技术指标等，如均线、MACD（指数平滑异同平均线）指标、KDJ（随机）指标、OBV（能量潮）指标、VR（容量比率）指标、当前市场热点、资金流向、大势状态等动态和静态的整个市场的技术态势。

本书将笔者在实际操盘中的短线盈利技法首次公开，以文字讲解为主，图例示范说明相结合的写作方式，本着简洁明了、易学易用、一学就会的原则奉献给读者朋友。

本书的一大特点是盘中买点的进场与主力同步，也就是说在主力放量大单拉升的那一刻买进，享受主力抬轿的乐趣，并且买进价格绝不超过当日涨幅的5%，一般都在绿盘或涨幅1%～3%，避免过高追涨，买进后很多时候股价都封于涨停板，即使不涨停，当天的平均收益也有2%～3%。（本短线盈利技法不是每天都可操作的，只有在大盘振荡不跌或大盘向上波动时，于盘中符合具体条件的股票方可操作。）

笔者从分时曲线、技术指标、技术形态及盘口数据着手，结合10多年市场投资经历，归纳总结出一套简洁、高效的盘中短线操作技巧，阻击盘中主力拉升启动点，做到进场在主力拉升的那一瞬间。

写书是件挺累人的活儿，本书的完成得益于一群志同道合的朋友给予大力帮助，没有他们的鼎力相助，本书难以付梓，在此表示衷心的感谢。还要感谢舵手图书的各位老师对我的信任和支持，以及在写作过程中所给予的宝贵建议。特别感谢出版社的各位编辑老师以及社里各位同仁，没有他们的努力付出，本书就无缘与读者朋友们见面，再次表示衷心的感谢。

笔者联系邮箱1771387826@qq.com，欢迎大家来信交流。

从上一版《盘口分析精要》出版至今，受到大量读者朋友的肯定和褒奖，笔者在此深表感谢。很多读者致电出版社和联系本人，有欲登门拜师学艺者，也有相互探讨交流技术者，还有更多的读者要求笔者在书中披露更多的核心技术，笔者思之再三，决定在不影响原书架构的基础上，增加核心技术"盘口精要核心技术之股价拉升前的盘口奥秘"第七章中的部分章节以回报读者，由于书写篇幅有限，笔者不可能将核心技术在书中一一进行详细讲解，恳请广大的读者朋友谅解。由于本人文笔有限，书中存在词不达意或文不能尽表其意之处，敬请读者朋友们不吝指正。笔者已将其核心专利技术制作成视频光盘，并在书中附上本人核心技术简介。

最后，再次感谢读者朋友的厚爱，并恭祝大家学以致用，投资顺利。

严正声明：

"趋势规律操盘技术"、"捕捉强势股启动点交易技术"和"盘口精要技术"，均已申请国家专利保护，任何单位和个人未经作者许可或授权，均不得非法抄袭、剽窃、复制或转载，违者法律必究。

趋势规律操盘技术和捕捉强势股启动点交易技术

趋势规律操盘技术和捕捉强势股启动点交易技术均为作者在 16 年股票、期货、现货、外汇投资经历中摸索总结出来的一套战胜市场、稳定盈利的交易体系，由"趋势规律操盘技术"和"捕捉强势股启动点交易技术"两大核心技术组成。现给大家简要介绍如下。

"趋势规律操盘技术"适用于任何以 K 线图为表达形式的投资市场，如股市、期市、汇市、贵金属市场等，主要解决了投资决策中"选时"的难题。选时在杠杆市场上（股票融资融券、期市、汇市、贵金属市场等）尤为重要，选时选得好甚至超越了对方向的选择，避免了看对方向却没赚到钱甚至亏钱的懊恼。"顺势而为"是每个投资人都向往的，但趋势的规律和原理是什么，目前处于怎样的一个趋势状态，以及怎样辨别趋势，怎样把握趋势，怎样顺应趋势，怎样判断趋势性质是短期反弹、中期行情还是长期牛市，这些解密趋势的核心要素一直困扰着每个投资人，不完全了解这些趋势要素，"顺势而为"只能是一句空话。很多读者来信交流时说：买卖时是按着趋势的方向进行交易，买进后却不涨，回头一看当初的买点却是头部区域；卖出或割肉后却不跌，回头一看原来卖在底部区域。笔者独创的"趋势规律操盘技术"即全方位、深层次地破解趋势奥秘，简单易学，买了就涨，卖了即跌，不论股市新手还是投资老手都可轻松上手，真正做到"顺势而为"。

"捕捉强势股启动点交易技术"适用于股票市场，主要解决了投资决策中"选股"的难题。选股是否得法决定了投资的绝对收益大小，避免赚了指数不赚钱的懊恼。目前的股市早已不是早年的初期市场那样呈现齐涨齐跌的现象，很多时候都是某些权重个股和某些热门板块上涨，带动大盘走出一波行情，二八现象普遍，投资者往往是赚了指数亏了钱，手中已买的股票不涨，看好没买的股票却大涨，忍耐多时，决心割肉换股后，割掉的股票却大涨，而换的股却还是不涨，导致一轮行情下来不仅没赚到多少钱，甚至还导致亏钱，究其原因不外乎选股不得法，不知强势股与弱势股的轮回转换规律，不懂强势股的操作奥秘。笔者独创的"捕捉强势股启动点交易技术"即全方位、深层次地破解选股奥秘，是无论在牛市、熊市或振荡市中都可选出当期飙升黑马的选股大法，简单易学，不论股市新手还是投资老手都可轻松上手。

最后请牢记：越是简单的方法，临盘时越有效，真理往往是简单的，而那些复杂、深奥的技术往往都是"伪方法"，经不起市场、时间的检验，试想临盘操作时机会稍纵即逝，经过复杂方法耗时分析得出结果再准备买卖时，机会早已错过，笔者独创检验方法真伪的三大原则中，简单性原则即排在首位，并且很多国际投资大师都崇尚"简单"的交易方法，可见"简单"的重要性。

笔者也是从小散一路走来，深知作为投资市场上一名无足轻重散户的无奈、无助、彷徨与无知。为避免读者朋友经历无谓的损失、挫折与失败，笔者将多年的实战经验总结归纳成书回馈读者，但很多实战精意不能完全以文字表述清楚，现特将笔者独创的"趋势规律操盘技术"和"捕捉强势股启动点交易技术"制作成培训视频，通过手把手、口传身授的方式传授给有缘者。

第一章
盘口指标的详细解读

第一节　实时看盘中应关注哪些盘口指标

1. 什么是盘口指标

在变幻难测的投资市场中，没有一套正确的技术分析方法去指导实战操作，就想获得真正的成功是万万不能的，但技术方法再好，也不是万能的。大多数技术分析方法和各种市场理论的根本立足点是以史为鉴，从过去发生了什么来推断市场正在或者将要发生什么。但对于短期内的譬如明天（第二天）市场到底会如何进行、一周之内会如何演化，则往往难以给出正确的答案。市场短期走势譬如三两天内的走势变数很多，非常容易受到人为因素的左右，有时会暂且脱离其固有的趋势，出现运动中的杂音，尤其是容易受到短线大资金的影响。即使是高手也时常会困惑：难道市场原趋势改变了吗？为什么出现了意想不到的上涨或下跌？谁在买入和卖出？大资金是在洗盘还是出货，是增仓还是减仓？对这些问题的正确答案的理解，都将对你未来投资成功与否和投资赢亏产生影响。

人们通常以日 K 线的形态来判断当日走势的强弱变化，但日 K 线形态有时会遭到强大的人为因素的刻意操纵，简单地判断短期的日 K 线涨跌并不能完全确认股票的未来走势如何，这必须通过盘口信息语言的分析来最后印证形态判断是否正确。

对一个职业投资者而言，盘口信息语言的解读标志着看盘水平的高低，会直接影响其操作绩效。对盘口信息的正确解读，将使我们透过盘中指数趋势及个股走势特征，研判出多空双方量的强弱转化，从而把握好股票炒作的节拍和韵律，这也是投资盈利，尤其是投机制胜的一个关键所在。

盘口信息最重要的是指股票的分时曲线图上所显示的信息，它详尽勾画出价格的每日完整的交投过程，它可以清晰地反映当日投资者交易价格和交易数量，体现投资者的意愿。

在日常看盘过程中很多投资人面对着电脑屏幕上不断跳动的数字感到特别迷茫，不知道怎样分析，该从何处入手，对一些盘口常用指标不甚了解，再加上庄家的恶意操纵，在盘中做出种种假象，引诱那些不知情和不甚精通盘口技术的投资人落入陷阱。那么，我们应该关注哪些盘口指标呢？首先我们要认识到盘口指标的重要性，任何庄家都会利用大众最为关注的指标来迷惑我们，达到骗取低价筹码，拉高之后引诱散户高位接盘的目的，制造种种陷阱，不仅在K线图上做出漂亮的图形，更多的是在盘口上诱骗散户，通过盘口的挂单、撤单等细节操作来达到庄家想要的目的，不管是骗筹，还是出货，都得通过盘口细节来一步步实施，只要我们掌握正确的方法，通过不懈学习，即使不能完全识破庄家的诡计，也可提高我们抵御诱惑的免疫力。

盘口指标主要体现在以下盘口信息中，包括分时曲线图、委托盘、实时量比、成交笔数、每笔成交均量、成交明细图表、大手笔成交、内盘、外盘、总额、换手率、当日均价线等，当然还包括当日最大或最密集成交量的价格区域、最高和最低价、开盘和收盘价、前一天收盘价等，以上盘口信息构成综合的盘口指标。

限于目前投资人使用的免费软件数据传输的局限性和分析功能的缺陷，投资者常常难以看到真实的交易情况，加之庄家又加以利用，频频做出盘中骗线，使投资者产生错误的交易行为。为了能更好地把握股价运行方向，我们必须学会看懂盘中走势，读懂盘口信息语言，并结合各种因素做出综合判断。

2. 盘口指标的分类

盘口指标共分为两大类。

第一类指标是盘口挂单、填单、撤单、成交明细。这些是最原始的数据，投资活动中所有的指标都是源于这些而衍生出来的，它们是最基本、最本质、最宝贵的数据。如图 1-1 所示：

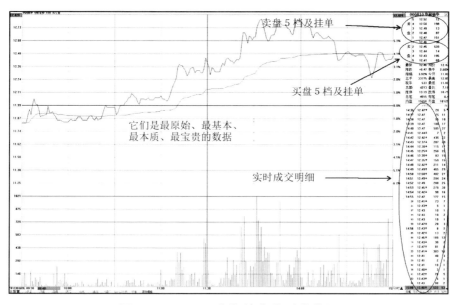

图 1-1　000810 华润锦华分时曲线图

第二类指标是由第一类数据衍生出来的指标，通过统计学和数学公式将第一类数据演化成线性指标，达到直观明了的效果，用以指导操作。盘中应该关注的指标有：量比指标、换手率指标、委比和委差指标、外盘（买盘）指标、内盘（卖盘）指标、成交笔数指标、每笔均量指标。如图1-2、图1-3、图1-4所示：

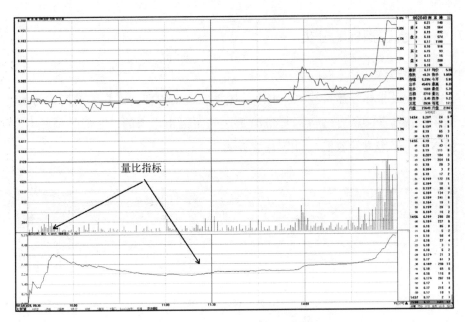

图 1-2　002040 南京港分时曲线图

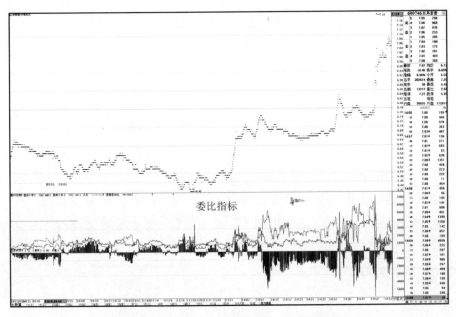

图 1-3　600746 江苏索普分笔成交图

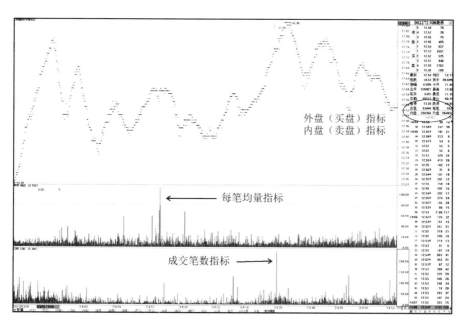

外盘（买盘）指标
内盘（卖盘）指标

每笔均量指标

成交笔数指标

图 1-4 002272 川润股份分笔成交图

下面就以上盘口指标进行详细解读。

第二节 最及时最有效率的黑马侦测器：量比指标

1. 量比指标的详细解读

量比是衡量相对成交量的指标，它是开市后每分钟的平均成交量与过去5个交易日每分钟平均成交量之比。其计算公式为：

量比=现在总手数/（5日平均总手数/240）/当前已开市多少分钟，其中5日平均总手数/240表示5日来每分钟成交手数。

量比，顾名思义，就是当时成交量与前期的比较。如果是保持平稳，那么股价多数情况下也就会按照既定的趋势平稳运行下去；但如果是成交量突发性的增长，俗话说量在价先，巨大的成交量必然会带来股价的大幅振荡，如果股价已经大幅度下跌，或者是蓄势已久，成交量放大当日量增价涨，那么这个时候大幅度上涨的可能性会很大；如果是先前涨幅已经很高，那么这时候量比突然增大很可能就是下跌的信号了。

量比指标是投资者分析行情短期趋势的重要依据之一。从计算公式中可以看出，量比的数值越大，表明当日该股主动流入的资金越多，市场活跃度越高；反之，量比值越小，说明资金的流入越少，市场活跃度越低。

我们从量比曲线上，可以看出主流资金的市场行为，如主力的突发性建仓，建仓完后的洗盘，洗盘结束后的拉升，这些行为可以让我们对主力运作步骤和细节一目了然！

量比在观察成交量方面，是卓有成效的分析工具。它将某只股票在某个时点上的成交量与一段时间的成交量平均值进行比较，排除了因股本不同造成的不可比情况，是发现成交量异动的重要指标。在时间参数上，多使用 5 日平均量，也有使用 10 日平均量的。当大盘处于活跃的情况下，适宜用较短期的时间参数，而当大盘处于熊市或缩量调整阶段，宜用稍长的时间参数。

量比指标所反映出来的是当前盘口的成交力度与最近 5 天的成交力度的差别。这个差别的值越大，表明盘口成交越趋活跃，从某种意义上讲，越能体现主力实时做盘，准备随时展开攻击前蠢蠢欲动的盘口特征。因此，量比资料可以说是盘口语言的翻译器，它是超级短线临盘实战洞察主力短时间动向的秘密武器之一，它好比是黑马侦测器，在目前大部分股票行情软件涨跌幅榜中，都可以简单地用鼠标单击获得量比排行榜。当个股的当日量比小于 1 的时候，说明该股当日缩量；如果是大于 1，就说明有放量。在每日盘后分析之时，只要有时间，我们应该把所有量比大于 1 的股票全面扫描一遍；如果时间不足，也至少要把量比大于 2 的股票全部看看，在这部分股票里面是潜藏很多黑马的，不管是盘中看盘还是盘后分析，都要及时重点地对进入这个排行榜的个股进行扫描，及时发现其中新生的潜在黑马。

成交量分析对于股价技术分析而言有很重要的意义。分析成交量最重要的工具，莫过于对量比数据的分析，这是研究成交量最有效率的重要秘密武器。

买入股票前，重中之重，是一定要进行成交量量比变化的分析，如果成交量变化不大，可以说，后市行情是很难把握的。

量比指标的应用规则：

量比为 0.8—1.5 倍，则说明成交量处于正常水平。

量比在 1.5—2.5 倍之间则为温和放量。如果股价也处于温和缓升状态，则升势相对健康，可继续持股；若股价下跌，则可认定跌势难以在短期内结束，从量的方面判断可考虑停损退出。

量比在 2.5—5 倍，则为明显放量。若股价相应地突破重要支撑或阻力位置，则突破有效的概率颇高，可以相应地采取行动。

量比达 5—10 倍，则为剧烈放量。如果是在个股处于长期低位出现剧烈放量突破，涨势的后续空间巨大，是"钱"途无量的象征，但是，如果在个股已有巨大涨幅的情况下出现如此剧烈的放量，则需要高度警惕。

量比达到 10 倍以上的股票，一般可以考虑反向操作。在涨势中出现这种情形，说明见顶的可能性压倒一切，即使不是彻底反转，至少涨势会休整相当长一段时间。在股票处于绵绵阴跌的后期，突然出现的巨大量比，说明该股在目前位置彻底释放了下跌动能。

量比达到 20 倍以上的情形基本上每天都有一两只个股出现，是极端放量的一种表现，这种情况的反转意义特别强烈。如果在连续的上涨之后，成交量极端放大，但股价出现"滞涨"现象，则是涨势行将死亡的强烈信号。当某只股票在跌势中出现极端放量，而股价却不跌或跌势趋缓，则是建仓的大好时机。

量比在 0.5 倍以下的缩量情形也值得好好关注，其实严重缩量不仅显示了交易不活跃的表象，同时也暗藏着一定的市场机会。缩量创新高的股票多数是长庄股，缩量能创出新高，说明庄家控盘程度相当高，而且可以排除拉高出货的可能。缩量调整的股票，特别是放量突破某个重要阻力位之后缩量回调的个股，常常是不可多得的买入对象。

涨停板时，量比在 1 倍以下的股票，上涨空间无可限量，第二天开盘即封涨停的可能性极高。在跌停板的情况下，量比越小则说明杀跌动能未能得到有效宣泄，后市仍有巨大下跌空间。

总的来说，当量比大于 1 时，说明当日每分钟的平均成交量大于过去

5 日的平均值，交易比过去 5 日火爆；当量比小于 1 时，说明当日成交量
小于过去 5 日的平均水平。

2. 量比指标的综合运用

在实时盘口分析中，投资人较多使用的是分时曲线图和成交量，实际
上量比曲线及量比指标也是一种比较好的工具。一般投资人提到量比这一
概念，往往想到量比排行榜，实际使用中当股票出现在量比排行榜上时，
一般都已有相当大的涨幅，盘中的最早起涨点已经错过。因此，从盘口的
动态分析角度讲，光考虑量比数值大小无疑有一定缺陷，所以进一步引进
量比曲线，来帮助我们更好地使用量比指标这一工具。

下面介绍量比指标及量比曲线的原理和使用方法。

量比是分时线上的即时量相对近段时期平均量的变化，把当日每分钟
不同的量比数值不断用点描绘在一个坐标中，就形成了量比曲线。关于量
比曲线，目前其他证券类实战操作书籍很少提到，而在笔者个人的看盘体
会中，量比曲线是很有妙用的。

一般地说，通过一夜市场信息及人们心理上的变化，新的一个交易日
开盘的时候，股价及开盘成交量的变化反差极大。反映在量比数值上，就
是很多股票开盘时的量比数值高达数 10 倍甚至上百倍，随后量比数值又急
速下跌。从量比曲线上看，就像我们提到的股价变化有时显得唐突和怪异
一样，大多数股票在新的一个交易日开盘时都显得很不稳定，因此，在通
常行情背景下，我们应该静待量比曲线有所稳定后再采取行动。

使用中，当量比指标在分时曲线图上沿着一种明显趋势单边运行时突
然出现量比急速翘头的迹象，我们认为不必急于采取行动，因为这仅仅是
改变原来单一趋势的一种可能，我们可以等待量比曲线明显反向运行后的
再一次走平，进一步修正后，再依据量价更进一步的变化采取行动。另
外，还要关注市场整体的走势，如大多数个股、板块和大盘指数。在日常
的使用中还要多结合形态分析，往往会取得更好的研判效果。

在实战操作中，如果过早买进底部个股，由于主力庄家没有吸足筹码之前并不会拉升，有时可能还要打压，搞得不好就会被套。至于刚突破整理平台的个股，若碰上主力庄家制造假突破现象，有时也会无功而返。因此，市场中的一些短线高手，如果在个股启动的第一波没有及时介入，他们宁可失去强势股连续上涨的机会，也不会一味地追涨，从而把风险控制在尽可能小的范围内。一般来说，个股放量且有一定升幅后，主力庄家就会清洗短线浮筹和获利盘，并让看好该股的投资者介入，以垫高市场的平均持股成本，减少再次上涨时的阻力。由于主力是看好后市的，是有计划的回落整理，因此下跌时成交量无法连续放大，在重要的支撑点位会缩量盘稳，盘面浮筹越来越少，表明筹码大部分已经锁定，这时候再次拉升股价的条件就具备了。如果成交量再次放大，并推动股价上涨，此时就是介入的大好时机。由于介入在缩量回调期，再次放量上攻的个股短线收益颇高，而且风险比追涨要小很多，因此是短线投资者常用的操作手法。那么，如何把握这种良机呢？在平时看盘中，投资者可通过股票软件中的量比排行榜，翻看近期量比小的个股，剔除冷门股和下降通道的个股，选择那些曾经持续放量上涨、近日缩量回调的个股进行跟踪。待股价企稳重新放量，且 5 日均线翘头和 10 日线形成金叉时，就可果断介入。通常，主力庄家在股价连续放量上涨后，若没有特殊情况，不会放弃既定战略方针，去破坏良好的均线形态和个股走势。若主力庄家洗盘特别凶狠的话，投资者还可以以更低的价格买进股票。需要注意的是，此类股票的 30 日或 20 日平均线必须仍维持向上的趋势，否则有可能跟上"瘟马"。

结合十多年的实战经验，笔者总结出两点"诀窍"，与广大读者共同探讨：第一种是个股从底部或平台开始启动，在拉升 10% 之后，庄家会视成交量情况再决断。若认为拉升时机不成熟，就会再次打低股价，有时会再到前期低点附近。此时成交量明显萎缩，其后若出现连续小阳线或底部逐次抬高，并伴随着成交量重新放大，预示一波上升行情将展开。如图 1-5 所示：600082 海泰股份在 2012 年 1 月初从 3.00 元开始启动，股价最高见 3.6 元后开始回落，随后探至 3.10 元附近，按近启动前的底部。此时成交量也快速萎缩，达到启动前的成交量水平，3 月 21 日成交量比前日的 5 日均量放大了一倍，底部逐次抬高，20 日均线走平向上，5 日和 10 日均线多头排列，此时就可以果断介入。而随后几日成交量明显放大，可以加仓买入。4 月份时该股摸高 6.00 元，涨幅几乎翻番。如图 1-6 所示。

第二种情况是庄家在股票上升中途洗筹，股价在创出新高后，不做整理，或稍做盘整，就凶狠地打压震仓。如图 1-7 所示：600779 水井坊，2012 年 3 月 12 日创出新高后，接着两天回调整理，成交量小幅缩减受到 20 日均线支撑，重新上攻，成交量也迅速放大，此时，5 日线从下向上勾头，果断买进的话，随后 3 天可获利 20%，收益不可谓不丰！

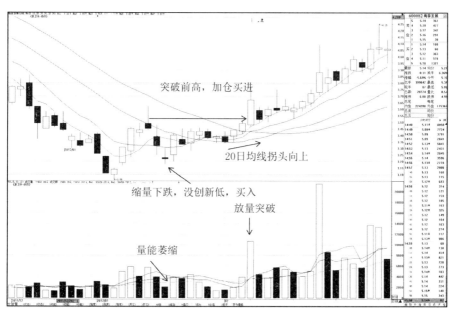

图 1-5 600082 海泰股份日 k 线图

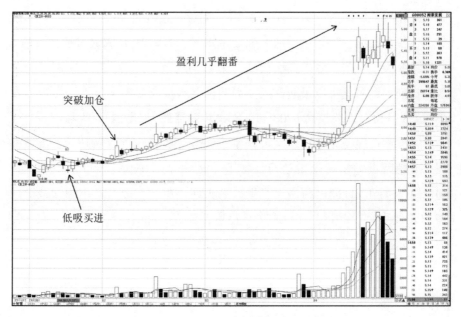

图 1-6   600082 海泰股份日 K 线图

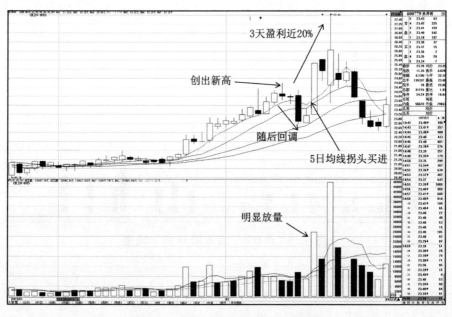

图 1-7   600779 水井坊日 k 线图

3. 活用量比指标捕捉短线黑马

（1）开盘前量比"选股五步曲"

第一步　9：25 竞价结束后，对量比进行排行，看前 30 名涨幅在 4% 以下的。

第二步　选择流通股本数量较小的，最好在 3 亿以下，中小板、创业板尤佳。

第三步　选择之前换手率连续多日在 3% 以下或连续几日平均换手率在 3% 以下的个股。

第四步　选择之前多日成交量较为均衡或有涨停未放量现象的个股，之前一直无量涨停的个股除外。

第五步　最好选择个人曾经操作过的、相对比较熟悉的个股进行介入操作。

注意事项：进入选股范围的个股，一定要看看它的过去，看看该股是否有连续涨停的壮举，或者是连续涨个不停也行，千万不要选择那些个喜欢玩"一日游"行情的个股。选股就是选庄家，每个庄家的操盘手都有其资金、性格、操盘习惯上的规律，因此，看其历史非常重要。

当日表现：

此类个股当日涨停的可能性较大，如未涨停，成交量及换手率大多会明显放大，涨幅也多在 6% 以上，被套的概率有但极小。

后市操作建议：

①如当日涨停且成交量、换手率未见放大，第二个交易日继续涨停可能性大，可继续持有。

②如当日涨停且成交量、换手率均有明显放大，第二个交易日可选择逢高卖出，多会超过 6% 涨幅，短线获利颇丰。

③如当日未涨停且成交量、换手率未见放大，则观察第二个交易日开

盘量比，如果继续符合"选股五步曲"则可继续持有，否则可考虑出货换股。

④如当日未涨停但成交量、换手率明显放大，则观察第二个交易日开盘量比，如果继续符合"选股五步曲"则可继续持有，否则可考虑在该股冲高时（此类个股冲高6%涨幅的概率较大）出货换股。

⑤如果介入个股在连续三五个交易日内一直保持成交量的持平或不断放大，那么可以判断该股的行情不会是"一日游"行情，仍可继续持有。

注意事项：每个人都可以根据个人喜好及操作习惯，对"选股五步曲"中的换手率、开盘涨幅及流通股本的数据进行个人个性化的修改。

（2）盘中量比选股：于盘中选择量比稳步放大偷偷冲击涨停的个股。

开盘后，开盘前量比排名靠前个股的大数值量比会大幅下降，同样有很多开盘前小数值量比的个股随着成交量及换手率的逐步放大而放大，偷偷地向右上方进攻并发起对涨停的冲击。

我们随时都可以对所有股票进行量比排行，按照"开盘前量比选股"中对涨幅、流通股本、前期表现等指标的衡量标准，选择此类偷偷进行爬升的个股，把握好时机介入似乎更安全。

注意事项：振荡时期的大盘每次大跌之后必有个股连续大涨，量比是重要的挖掘此类牛股的指标之一。

量比指标的使用应遵守以下几个原则：

①量比指标线趋势向上时不可以卖出，直到量比指标线转头向下。

②量比指标线趋势向下时不可以买入，不管股价是创新高还是回落，短线一定要回避量比指标向下的。

③股价涨停后量比指标应快速向下拐头，如果股价涨停量比指标仍然趋势向上，有主力借涨停出货的可能，应当回避！

④量比指标线向上时应积极操作，股价上涨创新高，同时量比指标也同步上涨并创新高，这说明股价的上涨是受到量能放大的支撑，应当积极买入或持股。

⑤如果股价下跌，量比指标上升，这时应赶快离场，因为这时股价的下跌是放量下跌，说明股价下跌的背后肯定有利空的原因。

⑥在短线操作时，如果股价是首次放量上涨，要求量比指标不可超过5，否则数值太大对后期股价上涨无益；如果股价是连续放量，那要求量比数值不可大于3，否则有庄家出货的可能。

⑦量比数值相对成交量的变化来讲有明显的滞后性。

4. 短线黑马选股方法

（1）在9：30开市前，通过集合竞价开盘时，我们都有几分钟的时间浏览大盘和个股，这是一天中最宝贵的时间！是捕捉当日黑马的最佳时刻！因为能看出大盘开盘的情况（是高开还是低开），能发现个股是怎样开盘的，庄家的计划怎样，在这短短的时间内要做出迅速反应。

具体方法如下：

①在开盘前，将通过各种渠道得来的可能涨的个股输入电脑的自选股里，进行严密监视。

②在开盘价出来后，判断大盘当日的走势，如果没问题，可选择当日操作的个股了。

③快速浏览个股，从中选出首笔量大、量比大（越大越好）的个股，并记下代码。

④快速看这些个股的日（周）K线等技术指标，做出评价，再复选技术上支持上涨的个股。

⑤开盘成交时，紧盯以上有潜力的个股，如果成交量连续放大，量比也大，观察卖一、卖二、卖三、卖四、卖五上挂出的单子是否都是三四位数的大单。

⑥如果该股连续大单上攻，应立即打入比卖五上的价格更高的价买进，以确保成交（有优先买入权，且实际成交价通常比打出的价格要低些）。

⑦通常股价开盘上冲 10 多分钟后都会有回档的时候，此时看准个股买入，能弥补刚开盘时踏空的时机损失。

⑧如果经验不足，那么在开盘 10~15 分钟后，综合各种因素，买入具备以上条件的个股更安全。

⑨该法成功率几乎 90%。

（2）首先在每天开盘前的集合竞价当中找出成交量前 5 名（沪、深各前 5 名）的股票，在这 10 只股票当中必定有当天涨停的股票，那么如何找出来呢？

①先去掉新股（如果有的话）。

②酌情去掉如 000002 万科 A 和 601857 中国石油这样的权重股。

③在余下的股票当中找出当前的热点板块中的热门股，然后结合 K 线图和各项技术指标分析并确定其处于强势。

④当日的开盘价涨幅在 2% 以下。

⑤前期升幅已大的股票要除去，不能考虑。

综合上述，选出最好的 1 只股票在开盘 3~5 分钟之内重仓买进，这样选定的股票当日涨停的可能极大！股市越是处于强势，集合竞价成交量前 5 位的股票当日涨停的越多！当日一旦选错，第二日开盘即卖掉，并重新选定买进！

此种方法如不是短线高手需谨慎使用。

其操作要点在于：正确判定当前股市是处于强势还是弱势？强势可用，弱势不可用！其次要能把握住当前股市的热点，并能灵活掌握技术分析的方法。艺高人胆大，即使一周内有三次选错两次选对你在这一周内就能稳赚 10% 以上！哪怕是四次错一次对也不会赔钱（前提是大势处于上升）。

师傅领进门，修行在个人！不知能否给读者带来好运？最后再强调一遍：不是高手不要用此招！仅供短线高手参考！

最后谈一下预期目标设定问题。这当然得看我们参与个股的具体表现，但以笔者的经验，预期赢利率定在2%～4%为好（若市场走软时可相应降低或最好不做，而在极度疲弱的市场中则几乎没有操作的必要）。如果买进当天已经有所获利，并且个股走势相当强（如封上涨停或收在全天最高价附近），则可于次日挂略高于前收盘的价位参与集合竞价，否则可视次日走势相机行事。短线投机者应当坚持的原则是：赚钱是第二位的，不亏钱或尽量少亏钱才是第一位的；卖出后再度上涨的钱理所当然应该由别人赚，我们只要能赚取超短持股时间的超短线收益便应该满足了。

5. 可实现周收益率10%的选股技巧

（1）选择周K线MACD在低位金叉，但股价还没有突破20日均线的股票。

（2）再在其中选择日K线多头排列，日换手率≥3.0%，量比≥1的股票。

（3）从中选择属于当前热点板块的1～2只股票。

（4）调用其60分钟K线，逢低介入！

第三节 测试行情冷暖的温度计：换手率指标

1. 换手率指标的详细解读

换手率是指每日的成交量与股票的流通股本的比值，通常以百分比计算，可以作为看图时固定运用的指标，比较客观，有利于横向比较，能准确掌握个股的活跃程度和主力动态。换手率可以帮助我们跟踪个股的活跃程度，找到"放量"与"缩量"的客观标准，判断走势状态，尤其是在主力进货和拉升阶段，可以估计主力的控筹量。当然大部分的分析软件上不提供换手率的走势图，只提供当日的换手率数值，因此，运用换手率时还需找一个好软件才行。

以下是一个交易日换手率的参考数据表：

日换手率	股票状态	盘口观察	资金介入程度	操作策略	趋势趋向
1%~3%	冷清	不关注	散户资金	观望	无方向
3%~7%	相对活跃	适当关注	试探介入	原则观望	小幅上升或回落
7%~10%	高度活跃	高度关注	大举介入	考虑买入或卖出	稳步上升或回落
10%~15%	非常活跃	重点关注	深度介入	大举买入或卖出	大幅上升或回落
15%~25%	极度活跃	极度关注	全线介入	短线进入或中线清仓	有可能暴跌
25%以上	走势异常，强势上涨的高点不远，不能强势上涨的大跌在即。				

　　如图 1-8 所示：600279 重庆港九在 2006—2007 年的大牛市中，该股在 4~5 元的区间内徘徊了 4 个多月，交易十分冷清，其换手率在 3% 以下，随即主力悄悄入场，成交量温和放大到换手率达 7% 左右，市场交投逐步活跃起来，此时我们也跟随进场，当换手率达到 10% 时，股价已从底部的 4 元多涨至 8 元左右，走出明显的上升趋势，此时可逐渐增大仓位，静待主力拉升浪的到来。当换手率接近 15% 时，市场人气已十分火热，此时我们就应该做到"人皆醉时，我独醒"，时刻保持警惕，做好随时退场的准备，一旦发现主力出货的迹象，要果断卖出。2007 年 6 月 14 号该股以涨停开盘，而后放巨量打开涨停，虽然股价最终还是以涨停板 17.55 元报收，但当天换手率达 26.43%，市场人气已经亢奋，放出该股上市以来的天量，股谚语：天量对天价，此时不卖，更待何时。此时应果断离场，随后股价惯性冲高 2 天后创出 19.60 元的历史新高即迅疾下跌，展开了为期 4 年多的漫漫熊途，至今尚无法回到 19.60 的历史高位，如图 1-9 所示。

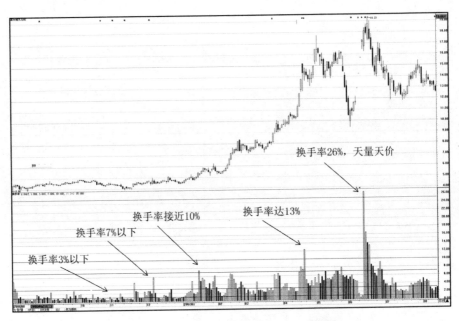

换手率26%，天量天价

换手率接近10%

换手率达13%

换手率7%以下

换手率3%以下

图 1-8　600279 重庆港九日 K 线图

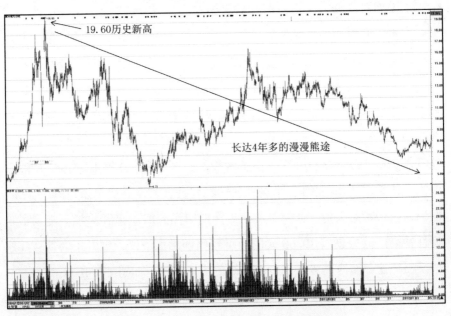

19.60历史新高

长达4年多的漫漫熊途

图 1-9　600279 重庆港九日 K 线图

2. 换手率与量比的综合使用

①量比应该是在换手率从低换手突变为高换手时放大为宜，也就是说，不能在换手率由高换手转变成巨量换手时去看量比，因为此时多数情况下已经在阶段性的高点附近了。

②量比的最大功用，是及时发现冷门股突变为热门股的那一刻，用量比选股应尽量选择价格处于较低位置的个股，并及时捕捉之。

③运用量比时，只能在两点上着手，寻求高利润。一个是股价调整后，经过缩量整理，股价突放大量反转向上时；第二个是股价在上升过程中经过振荡整理，放量向上突破重要价格或阻力位的时候。

④在股价运行中一定要注意换手率的变化，一般来说，个股的日换手率要达到5%以上股价才会表现活跃，但如果要股价持续活跃，还必须成交量以各种形式持续放大才能保证，但对换手率也要有个度，一般日换手率大于20%以上容易引发阶段性高点。

⑤成交量的放大应该促成股价的上涨，并与上涨的强度成正比，放量不涨、放大量小涨、放量反而下跌都是不健康的情况，要具体情况具体分析，除了股价大幅上涨后放量下跌是可确信的真跌外，在超跌或者股价底部的放量不涨都要仔细分析。很多情况下可能是主力的刻意洗盘行为，但既然主力刻意振仓，那就应该等到他洗盘结束了我们再陪他玩，要不然可能落得个心急抢吃热豆腐，豆腐没吃成，却烫到嘴巴的下场。这个标志时刻就是再度放量突破巨量洗盘当日的高点后，再择机介入。

⑥谨防下跌途中主力玩弄放量上涨的骗线把戏。股价在完成上升趋势后，就会进入新的趋势，先前或者是横盘整理，但终归会进入下跌趋势，标志就是在股价日K线组合中创下第一个低点反弹后（在下跌途中只要当日收盘价高于上个交易日高点就算反弹），再度跌破第一个低点，就可以

说这个股票正式进入下跌趋势了。在这个过程中，主力会时不时地来个放量反弹，对这种走势要特别谨慎对待，可以用三把尺子来过滤主力可能的骗线：第一，看看跌幅，从高点算起跌幅小于25%，骗线可能性很大；第二，放量后成交量是否能持续，如果随后的交易日量能迅速萎缩，主力肯定是在挖坑做陷阱；第三，是否是量增价升的正常良好走势，如果量增而价格却滞重难行，是绝对不能碰的，而且此时量能大幅放大，价增量升的K线应该是阳线，就算是跳空大涨的阴线都是不好的、要慎重对待的，这第三条也同样适用于上涨行情之中。

换手率是单位时间内，某一证券累计成交量与可交易量之间的比率，其数值越大，不仅说明交投的活跃，还表明交易者之间换手的充分程度。换手率在市场中是很重要的买卖参考，应该说这远比技术指标和技术图形来得更加可靠，如果从造假成本的角度考虑，尽管交易印花税、交易佣金已大幅降低，但成交量越大所缴纳的费用就越高是不争的事实。如果在K线图上的技术指标、图形、成交量三个要素当中选择，主力肯定是最没有办法时才会用成交量来骗人。因而，研判成交量乃至换手率对于判断一只股票的未来发展是有很大帮助的，从中能区分出换手率高是因为主力要出货，还是主力准备拉抬是很重要的。

一般来讲，换手率高的情况大致分为三种：

①相对高位成交量突然放大，主力派发的意愿是很明显的，然而，在高位放出量来也不是很容易的事，一般伴随有一些利好出台时，才会放出成交量，主力才能顺利完成派发，这种例子是很多的。相反，像600326西藏天路这种股票却是很会骗人的庄股，先急跌然后再强劲反弹，并且超过前期整理平台，引来跟风盘后再大举出货。对于这类个股规避风险的办法就是回避高价股，回避前期曾大幅炒作过的股票。如图1-10所示：

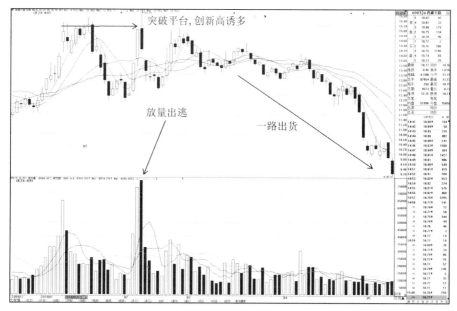

图 1-10　600326 西藏天路日 K 线图

②新股，这是一个特殊的群体，上市之初换手率高是很自然的事儿，一度也曾上演过新股不败的神话，然而，随着市场的变化，新股上市后高开低走成为现实，显然已得不出换手率高一定能上涨的结论。虽然 2011 年上市的新股星星科技、仟源制药表现格外抢眼，然而，硬用高换手率得出他们上涨的结论显然有失偏颇，但其换手率高也是支持它们上涨的一个重要因素。如图 1-11、图 1-12 所示：

③底部放量，价位不高或价格处于低位的强势股，是我们讨论的重点，其换手率高的可信程度较高，表明新资金介入的迹象较为明显，未来的上涨空间相对较大，越是底部换手充分，上行中的抛压越轻。换手率高是强势股的必要特征，强势股就代表了市场的热点，因而有必要对换手率高的个股重点关注。

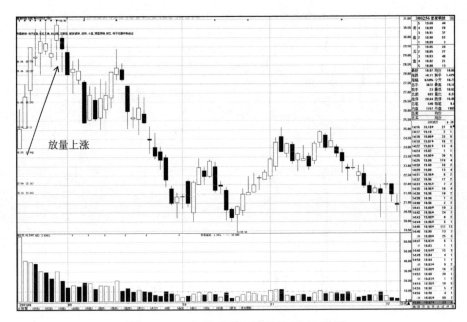

图 1-11　3002546 星星科技日 K 线图

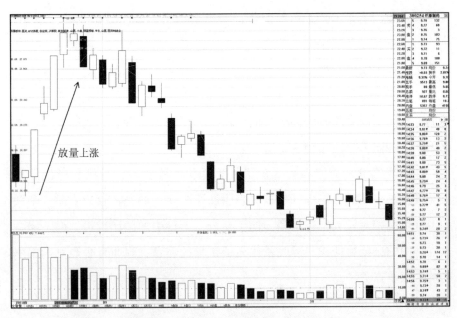

图 1-12　300254 仟源制药日 K 线图

对于换手率高的个股也要有所区分，一种是刚刚放量的个股，另一种是放量时间相对较长的个股。对于近期放量的个股必须满足了重股价（价格要低）、重股本结构（股本要小，股本结构要单一）、重质（公司质地要好）的三重条件，如符合则越及时介入越好。

如果只是充分换手但就是不涨，反而应该引起我们的警惕，或者调低对其的盈利预期。对于一批面临退市风险的 ST 股，尽管它们的换手率也很高，但还是敬而远之为好，由于其未来的风险实在较大，主力对倒自救吸引跟风也就是一种无奈的选择。

对成交量进行分析是实际操作中很重要的一个方面，由于流通盘的大小不一，成交金额的简单比较意义不大。在考察成交量时，不仅要看成交股数的多少，更要分析换手率的高低。换手率的变化分析应该说远比其他技术指标的分析和形态的判断都更加可靠，换手率的高低不仅能够表示在特定时间内一只股票换手的充分程度和交投的活跃状况，更重要的是它还是判断和衡量多空双方分歧大小的一个重要参考指标。低换手率表明多空双方的意见基本一致，股价一般会由于成交低迷而出现小幅下跌或步入横盘整理。高换手率则表明多空双方的分歧较大，但只要成交活跃的状况能够维持，一般股价都会呈现出小幅上扬的走势。对于换手率的观察，投资者最应该引起重视的是换手率过高和过低时的情况。过低或过高的换手率在多数情况下都可能是股价变盘的先行指标。一般而言，在股价出现长时间调整后，如果连续一周多的时间内换手率都保持在极低的水平（如周换手率在 2% 以下），则往往预示着多空双方都处于观望之中。由于空方的力量已经基本释放完毕，此时的股价基本已进入了底部区域，此后即使是一般的利好消息都可能引发个股较强的反弹行情。

对于高换手率的出现，投资者首先应该区分的是高换手率出现的相对位置。如果此前个股是在成交长时间低迷后出现放量的，且较高的换手率能够维持几个交易日，则一般可以看作是新增资金介入较为明显的一种迹象，此时高换手的可信度比较好。由于是底部放量，加之又是换手充分，因此，此类个股未来的上涨空间应相对较大，同时成为强势股的可能性也很大，投资者有必要对这种情形做重点关注。如果个股是在相对高位突然出现高换手而成交量突然放大，一般成为下跌前兆的可能性较大。这种情况多伴随有个股或大盘的利好出台，此时，已经获利的筹码会借机出局，顺利完成派发，"利好出尽是利空"的情况就是在这种情形下出现的。对于这种高换手，投资者应谨慎对待。

除了要区分高换手率出现的相对位置外，投资者还要关注高换手率的持续时间，是刚刚放量的个股，还是放量时间较长的个股。多数情况下，部分持仓较大的机构都会因无法出局而采取对倒自救的办法来吸引跟风盘，对于那些换手充分但涨幅有限的个股反而应该引起警惕。但对于刚刚上市的新股而言，如果开盘价与发行价差距不大，且又能在较长时间内维持较好的换手，则可考虑适时介入。

实际上，无论换手率过高或过低，只要前期的累计涨幅过大都应该小心对待。从历史观察来看，当单日换手率超过20%以上时，个股进入短期调整的概率偏大，尤其是连续数个交易日的换手率超过10%以上，则更要小心换手率的持续性。如果一只股票突然在底部量能放大只一天，并不能说明任何问题，反而有可能是危险信号；相反在高位放大只一天，也不能说明任何问题，反而有可能是买进信号，要看其是否有持续性。

①股价走势决定换手率的大小，比如涨幅大小、换手率放大的位置高低等；

②前期换手率的大小决定判断现在换手率的大小是否安全；

③换手率的可靠性决定判断当时换手率的属性，这要看实战经验；

④近期换手率总和决定现在换手率的大小是否安全；

⑤阻力位的换手率决定现在换手率的大小是否安全；

⑥K线形态决定现在换手率的大小是否安全；

⑦K线组合决定判断当时换手率的属性；

⑧主力控盘度也决定当时换手率的大小是否安全；

⑨均线排列也决定判断当时换手率的属性。

3. 换手率选股"六步曲"

第一步　每日收盘后对换手率进行排行，观察换手率在 6% 以上的个股；

第二步　选择流通股本数量较小的，最好在 3 亿以下，中小板、创业板尤佳；

第三步　选择换手率突然放大 3 倍以上进入此区域或连续多日平均换手率维持在此区域的个股；

第四步　查看个股的历史走势中连续上涨行情发生概率较大而"一日游"行情发生概率较小的个股；

第五步　第二日开盘阶段量比较大且排在量比排行榜前列的个股；

第六步　最好选择个人曾经操作过的、相对比较熟悉的个股进行介入操作。

市场表现：

此类个股一般会出现连续多日内达半数交易日涨停的大涨行情，当然也不可避免被"一日游"行情所害。

后市操作建议：

①如当日涨幅超过 8% 且换手率维持或再次放大，大胆继续持有把握大涨行情；

②如当日涨幅极小甚至小于 0（及下跌）且换手率明显减小，很可能是"一日游"行情的个股，自认倒霉，这也是观察该股在开盘时量比大小的关键所在，大数值量比下出现此类情况的机会较小；

③只要排除掉"一日游"行情的危险，就一定要坚持持有该股 3 个交易日以上才能不至于错过大行情！

第四节 市场人气研判法宝：委比指标和委差指标

1. 委比指标和委差指标的详细解读

委比和委差都是用以衡量一段时间内买卖盘相对强度的指标，其计算公式为：

委差＝委买手数－委卖手数

委比＝（委买手数－委卖手数）/（委买手数＋委卖手数）×100%

其中：委买手数指现在所有个股委托买入价格最高 5 档的总数量；委卖手数指现在所有个股委托卖出价格最低 5 档的总数量。例如：600240 华业地产 2012 年 3 月 29 日收盘即时最高买入委托报价及委托量为买一 9.44元、124 手，向下 4 档分别为买二 9.43 元、1678 手，买三 9.42 元、157手，买四 9.41 元、434 手，买五 9.40 元、210 手；最低卖出委托报价及委托量分别为卖一 9.35 元、217 手，向上 4 档分别为卖二 9.36 元、129 手，卖三 9.37 元、57 手，卖四 9.38 元、81 手，卖五 9.39 元、222 手，则此时的即时委比为－57.52%。显然，此时场内抛压较大。如图 1-13 所示，结合盘面分析，该股很可能正在压盘振仓，一旦量能萎缩，浮筹得到有效清洗，待大盘企稳后，该股将步入拉升，如图1-14所示。

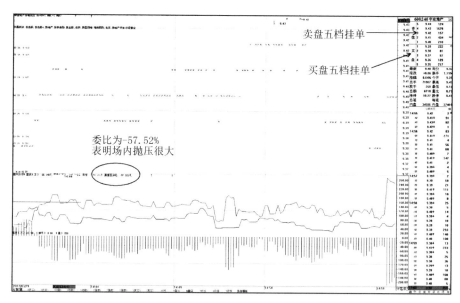

图 1-13 600240 华业地产分笔成交图

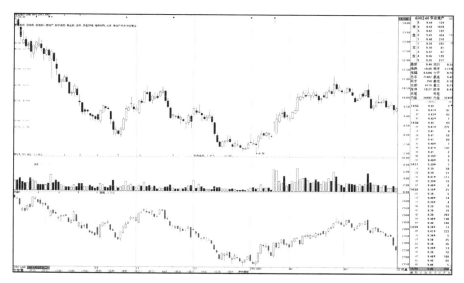

图 1-14 600240 华业地产日 K 线图

通过委比指标，投资者可以及时了解场内的即时买卖盘强弱情况。

委比值变化范围为+100%至-100%，当委比值为正值并且委比数大，说明市场买盘强劲。

当委比值为负值并且负值大，说明市场抛盘较强。

委比从-100%至+100%，说明买盘逐渐增强，卖盘逐渐减弱的一个过程。相反，从+100%至-100%，说明买盘逐渐减弱，卖盘逐渐增强的一个过程。

我们知道，交易报价中委买委卖是排在最前的买卖盘的提示，现在大家能够看到的是队列的前5位，即买——买五，卖——卖五。它是未成交的价和量，某种程度上讲，委买委卖的差值（即委差），是投资者意愿的体现，一定程度上反映了价格的发展方向。委差为正，价格上升的可能性就大，反之，下降的可能性大。之所以加上"某种程度上"，是因为还有人为干扰的因素，比如主力制造的假象等。但是，对于市场中所有股票的委买委卖值的差值之总和，却是一个不容易被任何人干扰的数值。它是一个相对真实的数据，因为任何一个单独的主力都不能影响它，散户更加不能。

它是所有主力和散户的综合反映，确实能够反映市场真实的买卖意愿。我们根据这个委差数据，可以判断大盘的短期方向以及大盘是否转折了。数值为正，表明买盘踊跃，大盘上升的可能性大；反之，说明卖盘较多，下跌的可能性较大。道理清楚了，根据具体的情况，还需要做具体分析。比如说，有的时候，指数的委差居高不下，但是指数却下滑，这种情况说明，接盘的量很大，且是有计划的，而卖盘的力量，是主动抛出，有可能是散户的行为。这种情况并不很危险。相反，有一种较危险的情况，那就是，指数上升而委差却总是大大的负数，这时候，我们是不是该怀疑主力在有计划出货了。

2. 委比、量比和涨幅的综合应用

将委比、量比和涨幅综合起来研判，指的是在涨幅榜、量比榜和委比榜上排名靠前的个股，这类个股已经开始启动新一轮，是投资者短线介入的重点选择对象。具体研判技巧如下。

（1）通过涨幅研判个股强弱程度，以及该股是否属于当前市场热点。

一般名列涨幅前列的个股，上涨趋势明显，走势强悍。但投资者不仅要观察个股的涨幅情况，还需要观察涨幅榜中与该股同属于一个板块的个股有多少，如果在涨幅前30名中，有10只左右是同一板块的个股，就表示，该股属于市场中新崛起的热点板块，投资者也可以重点关注。有的板块上市公司数量较少，如小额贷款金融板块、涉矿资源板块等，则需要观察该板块是否有一半的个股名列涨幅榜之中。

（2）通过量比研判量能积聚程度。

量比是当日成交量与前5日成交均量的比值，量比越大，说明当天放量越明显。股市中资金的运动决定了个股涨跌的本质，资金的有效介入是推动股价上升的原动力，涨幅榜上的个股在未来时期是否能继续保持强势，在很大程度上与之前的资金介入状况有紧密的联系。所以，热点板块的量能积聚过程非常重要，只有在增量资金充分介入的情况下，个股才具有持久性。量比的有效放大，则在一定程度上反映了量能积聚程度。

3. 通过委比研判市场买卖强度

委比需要和涨幅榜、量比结合起来分析，才能发挥有效作用，单纯分析委比是不能作为买卖依据的。因为委比只能说明这一时刻，这只股票买卖的强度对比。很多时候会出现某只股票涨势不错，而委比却显示空方力量比较强的情况，此时就需要对这只股票进行连续观察，才能发现该股的真实买卖强度。

当个股同时位于三榜前列的情况时，投资者需要根据该股所处的历史位置，迅速做出是否追涨的决策。这类个股成为短线飙升黑马的概率极大，如果股价仍然处于较低价位或者股价虽然已经涨高但仍然保持着良好的上升趋势时（股价没有进行明显的拉升，价格与均线的乖离在正常范围内），投资者应该积极追涨买入。大多数情况下，这类强势股会在早上开盘后不久，就封上涨停板，因此，在运用这种实战技法时，投资者要尽量选择上午实施操作。

第五节　监测个股活跃度的利器：成交笔数指标

1. 成交笔数指标的详细解读

成交笔数分析是依据成交次数、笔数的多少，了解人气的聚集与虚散，进而研判价格因人气的强势、弱势变化所产生可能的走势。成交笔数分析的一般应用规则要点如下：

（1）在股价高档时，成交笔数较大，且股价下跌，为卖出时机。

（2）在股价低档时，成交笔数放大，且股价上升，为买入时机。

（3）在股价高档时，成交笔数放大，且股价上升，仍有一段上升波段。

（4）在股价低档时，成交笔数缩小，表明即将反转，为介入时机。

（5）成交笔数分析较适用于短、中线操作。

在实际看盘应用中，根据成交笔数来判断个股是否活跃一般分为 3 种情况：

（1）盘中每分钟成交笔数在 15 笔以上为交投非常活跃。

（2）盘中每分钟成交笔数在 8~15 笔之内为交投正常。

（3）盘中每分钟成交笔数在 8 笔以下为交投清淡。

我们应密切关注的是第一种情况，主力在盘中拉升前为了测试市场的买卖意愿，以 2 位数的小单密集地向卖盘主动买进，此时成交笔数极易放大到 15 笔以上，有时甚至达到 20～30 笔每分钟，当卖一上的大单快被吃完时，迅速下单买进，一般可买到盘中主力拉升的启动点。

2. 成交笔数差在实战中的含义

我们知道，主动性买入是推动股价上涨的动力，主动性卖出是迫使股价下跌的原因。分时成交盘面上，主动性买入的成交量越多，意味着上方阻挡股价上涨的卖盘被消化得越多。在主动性买盘比较活跃的成交中，当委托卖盘低价位区域的筹码被成交后，只有提高价格委托才能买到筹码，在不断的主动性买入委托成交后，股价同时也会不断地上升。相反，主动性卖出的成交量越多，说明主动性抛盘卖出的量越大，往往直接推动股价下跌。在此我们需要提醒的是：成交笔数反映的不是大单成交还是小单（即不能反映成交是散户买入行为还是主力买入行为），而仅仅反映主动性成交的方向和活跃度，这种方向主要根据成交笔数差（主动性买入成交笔数-主动性卖出成交笔数）来判断。当成交笔数差为正数时，说明自开盘以来的成交笔数主要以主动性买入委托的成交为主，不断有委托单追涨买入，成交比较活跃。当笔数差为正数且持续上升时，股价的分时走势一般是持续上升的；当成交笔数差为负数且负数持续下降时，说明自开盘以来主动抛盘的成交更大，股价往往出现持续下跌。由此可见，成交笔数反映的是个股分时的成交方向和成交活跃程度。但在分析的时候我们应该结合其他指标来进行综合分析，应注意以下几点：

（1）日线成交量变化是否显著。当日线的成交量很小，特别是比上一交易日或最近一段时间的平均交易量小很多时，成交笔数在分时走势上的变动就没有很大的意义。当然，如果是盘中交易，还要考虑时间问题，并对今天收市后该股可能的成交量或成交额进行简单的估算，才能接近正确的分析。例如，某只个股前一天的成交额是 1 亿元，今天早盘的成交额是

7500 万元，那么今天下午收市后的成交额很可能达到 1.5 亿元。如果该股早盘的分时走势中笔数差趋势为单边上升，就可以判断该股的主动性买盘更多，买盘比较活跃，进攻性更强。

（2）成交单数、量比、委比等其他分时指标是否为机构增仓模式，成交笔数与这些判断主力大单资金分时成交情况的指标相结合分析。

（3）成交笔数差、成交单数差（主动性买入成交单数－主动性卖出成交单数）均为正数且持续上升，说明主动性买入的资金属于主力大单资金，且该主力资金富有进攻性，股价短线强势的可能性较大。如果出现在日 K 线的低位区域或上升趋势中，且出现短线放量走势，则此种分时走势很可能带来波段性行情。

（4）成交笔数差、成交单数差均为负值且持续下降，说明主动性卖出的资金属于主力大单，主力主动性抛盘较强，短线下跌的概率较高，操作上应短线回避。因为如果此类分时走势出现在股价大涨之后的高位或单日成交量很大时，很可能是见顶回落的信号。

（5）成交笔数差为持续上升的正数、成交单数差为持续下降的负数，说明追涨买入的基本都是散户，而高位的委托卖单基本是主力的单子。虽然短线的交易很活跃，但主力已经大量在高位埋单被动向散户派发。这种情形一般在之前几个交易日非常强势的个股上，市场关注度极高、追高买盘也很多。如果这种追高的情绪降温冷却，股价很可能就失去了继续上涨的动力，当然，这种分时走势也有可能是主力的诱多行为。

（6）成交笔数差为持续下降的负数、成交单数差为持续上升的正数。此种走势下，说明主动性成交的基本上是散户的中小单抛盘，而主力则以限价委托被动低吸。此种走势有可能是主力的压单吸筹或洗盘行为，迫使散户纷纷降低价格卖出筹码，这往往是一种诱空行为。也有可能是在大盘不好的时候，散户恐慌性抛盘，而控盘主力在低位大单接盘，是一种护盘行为。

成交笔数差、成交单数差在分时走势中的变化趋势不明显、不连续。

如果这种走势的日成交量很大，说明多空分歧很大，多方主动性买入，空方主动性卖出，二者势均力敌，股价短期很可能迎来方向性选择。如果成交量很小，则没有太多的分析意义，因为主力大单买卖方向不明显，主动性成交方向也不明显。

第六节　监控主力进出的照妖镜：每笔均量指标

1. 每笔均量指标的详细解读

每笔均量和成交笔数都是对成交量的细化研究，对分析研判主力机构盘中动向具有重要的意义。每笔成交量其实就是交易所在行情中公开发布成交明细数据，一般位于软件的右下方。何为每笔均量？就是指每日个股的成交总量除以沪深交易所公布的个股成交笔数。

其数学公式为：每笔均量=成交量/成交笔数。

成交量反映了整个市场交易量的水平，而每笔成交均量反映市场每笔成交的水平，更多地反映主力机构当天的参与程度和控盘程度。因为主力机构一般资金实力强，资金量大，自然进出股市的量也大，不会像散户那样一笔只买5手、10手的，因此，主力机构一旦进场，成交的手笔都会很大，少则上百手，多则上千手，这样便为我们发现主力机构动向提供了线索。尽管主力机构在进出场时会刻意隐瞒他们的进场动向，但是大笔成交通常会暴露他们的踪迹，这也是中小散户发现主力机构的有效方法之一。当然，主力机构有时为了吸引市场的注意力，以及诱导散户跟风，也会用大笔成交的对倒方式，以激活市场人气。但是，根据当时的大势背景，以及个股股价循环的位置高低，可以有效识别。

每笔均量表示一天中平均每一张买卖合同的成交量，但合同数和行情接收的笔数是完全不同的两样东西。大家体会一下，你下一张 300 手买卖合同的单在分时图上分两三笔成交就可理解其中的不同了，正是因为主力的运作和散户不同：其资金量往往较大，所以每张买卖合同的数量就会比较大。当这些买卖合同较多时，当天的平均成交量就会较大，每笔均量就是利用这个来观察主力的活动的。

当然主力可以用软件把同一数量的股票分成很多份买卖合同来降低每笔均量，这样每笔均量就没用了。虽然主力是可以这样做，但是，这需要耗费相当高的成本（增加了很多每笔交易的过户费用）。但这一般只能用在吸筹的初级阶段，这个阶段不是我们的介入点，所以不知也罢。随着吸筹的完毕，主力必然要令股价有异常的波动，要令股价有所波动就要用大手笔的成交。

大家不妨想一下，下一张 100 万的买卖单可以让股价波动几毛钱，将其分成 100 张 1 万的买卖单股价能波动多少呢？所以，股价波动是主力活动的结果，其幅度与主力的资金实力相关，主力如果想把资金分散，那么他就变成散户了，这是必然的！

2. 每笔均量分析原理及其在分析中的特殊意义

每笔均量也称作每笔成交量。每笔成交量的大小，显示出某股的交投活跃程度和大资金进出的力度大小。主力吸筹和出货要有一个过程，反映了主力机构参与（控盘）的程度，与换手率仅反映交投活跃情况相比，每笔均量还可有效地反映大资金的买卖增减。某只股票有时在同一股价区间换手率相同，但每笔均量却发生明显的变化，则多意味着主力行为已发生了变化。从这个意义上讲，每笔均量具有慧眼识庄的特别功能，它比其他盘口指标来得更直观、更有说服力。

3. 每笔成交均量的实战精要

（1）一般来说，如果成交笔数增多，每笔成交均量越大，表明市场机构大户参与程度越高；相反，如果成交笔数减少，每笔成交均量越小，表明市场中主要是以散户参与为主，主力机构还处于观望状态。

（2）当股价呈现底部状态时，若每笔均量出现大幅跳升，则表明该股开始有大资金关注，若每笔均量连续数日在一较高水平波动而股价并未出现较明显的上升，更说明大资金正在默默吸纳该股，在这段时间里成交量倒未必出现大幅增加的现象。当我们发现了这种在价位底部的每笔均量和股价及成交量出现明显背驰的个股时，应予以特别的关注。一般而言，当个股每笔均量远超过大市平均水平每笔成交量时，我们可以认为该股已有庄家入驻。

（3）前期判断有主力机构进场，而今股价处于小幅涨升阶段，如果每笔成交均量较主力机构进场吸纳时有所减少或者持平，无论成交量有所增加还是萎缩，只要股价未见大幅放量拉升，则说明主力机构仍在，应持股待涨。

（4）机构庄家入庄某股后，不获利一般是不会出局的。入庄后，无论股价是继续横盘还是呈现慢牛式的爬升，其间该股的每笔均量较庄家吸纳时无论是有所减少还是持平，也无论成交量有所增加还是萎缩，只要股价未见大幅放量拉升，都说明庄家仍在其中。特别是在淡静市道中，庄家为引起散户注意，还往往用对敲来制造一定的成交假象，甚至有时还不惜用对敲来打压振仓，若如此，每笔均量应仍维持在一相对较高的水平。此时用其来判断庄家是否还在场内，十分灵验。

（5）若股价放量大幅拉升，但每笔均量并未创新高时，应特别提高警惕，因为这说明庄家可能要派发离场了。而当股价及成交量创下新高但每笔均量出现明显萎缩，也就是出现背驰时，投资者切不可恋战，应高度警觉，警惕主力机构拉高派发，要坚决清仓离场，做好及早退出的准备，哪怕股价再升一程。

（6）每笔成交均量的变化不能只凭某一交易日就下结论，需要前后对比，连续多观察几日，结合大势和股价的具体位置，才能做出准确判断。有时候，主力机构为引起散户注意，往往用放量对倒来制造成交活跃的假象，有时甚至不惜用对倒放量来打压振仓，这同样可以使每笔成交均量放大或维持相对较高的水平。

（7）需要注意的是，研究每笔成交均量要同时结合成交笔数，方能分析判断更准确。另外，同样的每笔成交均量，高价股与低价股在判断主力资金实力上是有区别的。

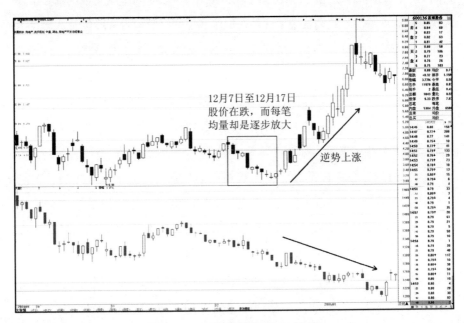

图 1-15　道博股份日 K 线图

如图 1-15 所示，道博股份（600136）在 2004 年 12 月中旬股价下跌末期，而每笔成交均量却是逐步放大。具体数据如下：

12 月 7 日成交笔数 292，每笔成交均量为 19 手；

12 月 8 日成交笔数 319，每笔成交均量为 16.6 手；

12 月 9 日成交笔数 223，每笔成交均量为 16.9 手；

12 月 10 日成交笔数 483，每笔成交均量为 22.5 手；

12 月 13 日成交笔数 262，每笔成交均量为 18.7 手；

12 月 14 日成交笔数 173，每笔成交均量为 16.8 手；

12 月 15 日成交笔数 266，每笔成交均量为 20.7 手；

12 月 16 日成交笔数 177，每笔成交均量为 12.7 手；

12 月 17 日成交笔数 162，每笔成交均量为 16.9 手，完成缩量阶段性下跌。

12 月 20 日成交笔数 160，每笔成交均量为 12.6 手；

12 月 21 日成交笔数 165，每笔成交均量为 16 手；

12 月 22 日成交笔数 527，每笔成交均量为 30 手；

12 月 23 日成交笔数 598，每笔成交均量为 21 手；

12 月 24 日成交笔数 685，每笔成交均量为 20 手；

12 月 28 日成交笔数 967，每笔成交均量为 50 手；

12 月 29 日成交笔数 1624，每笔成交均量为 46.5 手，完成第一波温和上涨阶段。

12 月 30 日成交笔数 1158，每笔成交均量为 32 手；

12 月 31 日成交笔数 994，每笔成交均量为 29 手，缩量洗盘。

1 月 4 日成交笔数 1047，每笔成交均量为 30 手；

1 月 5 日成交笔数 1254，每笔成交均量为 33.4 手；

1 月 6 日成交笔数 1383，每笔成交均量为 42.5 手；

1 月 7 日成交笔数 1276，每笔成交均量为 50.9 手；

1 月 10 日成交笔数 1456，每笔成交均量为 38.5 手；

1 月 11 日成交笔数 1688，每笔成交均量为 42.9 手；

1 月 12 日成交笔数 1800，每笔成交均量为 42 手；

1 月 13 日成交笔数 1957，每笔成交均量为 57 手；

1 月 14 日成交笔数 1737，每笔成交均量为 43 手，完成第二波放量上涨阶段。

1月17日成交笔数1563，每笔成交均量为34手；

1月18日成交笔数1353，每笔成交均量为35手；

1月19日成交笔数1466，每笔成交均量为44手；

1月20日成交笔数1347，每笔成交均量为34.9手；

1月21日成交笔数1488，每笔成交均量为36手，逐渐进入温和缩量下跌阶段。

4. 总结

每笔均量是用来测知主力机构是否进场买卖股票的有效方法，从每笔均量的变动情形可以分析股价行情的短期变化，其研判原则如下：

（1）每笔均量增大表示有大额的买卖，每笔均量减小表示参加买卖的多是小额散户。

（2）在下跌行情中，每笔均量逐渐增大，显示有主力买进，股价可能于近日止跌或上涨。

（3）在上涨行情中，每笔均量逐渐增大，显示有主力出货，股价可能于近日止涨或下跌。

（4）在上涨或下跌行情中，每笔均量没有显著的变化，表示行情仍将继续一段时期。

（5）在一段大行情的整理阶段，进入盘局时，每笔均量很小且无大变化，则表示主力正在观望。

当每笔均量与其他价量指标出现明显背驰时，应特别引起我们的注意。同时，在选股中，在其他条件相同时，我们应注意在买入时尽量选取每笔成交均量更大的股票。因为每笔成交均量大的股票，其庄家实力更强劲，这无疑会有助于使投资者在最短的时间里获取最大的收益！

第七节　衡量买卖力量强弱的工具：内盘外盘指标

1. 内盘外盘指标的详细解读

股票软件一般都有外盘和内盘，打开个股实时走势图，在窗口的右边就会显示个股的外盘和内盘情况。通过对比外盘和内盘的数量大小及比例，投资者可以发现当前行情是主动性的买盘多还是主动性的卖盘多，是一个较有效的盘口短线指标。

委托以卖方价格成交的纳入外盘，它是主动性买盘；委托以买方价格成交的纳入内盘，它是主动性卖盘。

例如，某股票盘口挂单揭示如下：

卖一：25.15　252 手

买一：25.10　161 手

由于买入委托价和卖出委托价此时无法撮合成交，该股此刻正在等待成交，买与卖处于僵持状态。这时，如果场内买盘较积极，突然报出一个买入 25.15 元的买单，则该股票会在 25.15 元的价位成交，这笔成交被划入外盘，或者，如果场内抛盘较重，卖单下挂至 25.12 元，这时突然报出一个卖出 25.10 元的卖单，则该股票会在 25.10 元的价位成交，这笔成交被划入内盘。

在常用的软件中，内盘以 S 表示，外盘用 B 表示。

外盘：在成交量中以主动性叫买价格成交的数量。所谓主动性叫买，即是在实盘买卖中，买方主动以高于或等于当前卖一的价格挂单买入股票时成交的数量，显示多方的总体实力。

内盘：在成交量中以主动性叫卖价格成交的数量。所谓主动性叫卖，即是在实盘买卖中，卖方主动以低于或等于当前买一的价格挂单卖出股票时成交的数量，显示空方的总体实力。

从其含义中，我们总的可以理解为：外盘大于内盘，股价看涨；反之，外盘小于内盘则看跌。但在具体研判上，则需考虑股价所处形态位置的高与低、目前股价的技术态势等，这需要靠盘口以外的功夫。

外盘和内盘相加的总量为成交量。分析时，由于卖方成交的委托纳入外盘，如外盘很大，意味着多数卖的价位都有人来接，显示买势强劲；而以买方成交的纳入内盘，如内盘过大，则意味着大多数的买入价都有人愿卖，显示卖方力量较大；如内盘和外盘大体相近，则买卖力量相当。但事实上内外盘之比真的能准确地反映股票走势的强弱吗？庄家既然能做出虚假的日 K 线图和成交量，难道就做不出虚假的内外盘？所以关于内外盘的细节，我们还有仔细研究的必要。不过投资者在使用外盘和内盘时，要注意结合股价在低位、中位和高位的成交情况及该股的总成交量情况进行观察。因为外盘、内盘的数量并不是在所有时间都有效，许多时候外盘大，股价并不一定上涨；内盘大，股价也并不一定下跌。有时庄家会利用外盘、内盘的数量情况来欺骗股民，使股民按照其意愿进行交易，常见的有以下几种情况。

（1）股价经过较长时间的下跌，股价处于较低价位，成交量极度萎缩。然后，成交量开始温和放量，当日外盘数量增加，大于内盘数量，此时股价将可能上涨。

（2）股价经过较长时间的上涨，股价处于较高价位，成交量放大到近期的最大量，当日内盘数量放大，大于外盘数量，此时股价将可能下跌。

（3）在股价阴跌过程中，时常会出现外盘大、内盘小的情况，此时并不一定表明股价会上涨。因为有时庄家会用几笔卖单将股价打压至较低位置，然后在卖一、卖二挂卖单，并且自己买自己的卖单，造成股价暂时横盘或小幅上升。有时外盘明显大于内盘，投资者认为庄家在吃货，从而纷纷买入，结果次日股价继续下跌。

（4）在股价上涨过程中，时常会出现内盘大、外盘小的情况，此时并不一定表明股价会下跌。因为有时庄家会用几笔买单将股价拉升至一个相对的高位，然后在股价下跌后，在买一、买二挂买单。一些投资者认为股价会下跌，从而纷纷以庄家挂出的买价卖出股票，但庄家分步挂单，将卖单通通接走。这种先拉高后低位挂买单的手法，常会显示出内盘大、外盘小的行情，待庄家吸足筹码后又会迅速继续推高股价。

（5）股价已上涨了较大的涨幅，如果某日外盘大量增加，但股价却不涨，说明可能是庄家在制造假象准备出货。

（6）股价已下跌了较大的幅度，如果某日内盘大量增加，但股价却不跌，说明可能是庄家在制造假象打压吸货。

庄家常用的内盘、外盘欺骗手法还有：

（1）在股价已被打压到较低价位，在卖一、卖二、卖三、卖四、卖五挂有巨量抛单，使投资者认为抛压很大，因此在买一的价位提前卖出股票，实际庄家在暗中吸货，待筹码接足后，突然撤掉巨量抛单，股价大幅上涨。

（2）在股价上升至较高位置，在买一、买二、买三、买四、买五挂有巨量买单，使投资者认为行情还要继续发展，纷纷以卖一价格买入股票，实际庄家在悄悄出货，待筹码出得差不多时，突然撤掉巨量买单，并开始全线抛空，股价迅速下跌。

2. 内盘、外盘的实战含义

经常看盘的朋友应该都有过这样的经验，当某只股票在低位横盘，庄家处于吸筹阶段时，往往是内盘大于外盘的，具体的情形就是庄家用较大的单子托住股价，而在若干个价位上面用更大的单子压住股价，许多人被上面的大卖单所迷惑，同时也经不起长期的横盘不涨，就一点点地卖出，3000 股5000 股地卖，行情特别低迷的时候还可见到一两百股的卖单，此时庄家并不急于抬高价位买入，只是耐心地一点点承接，散户里只有少数人看到股价已无深跌可能，偶尔比庄家打高一点少量买入，才形成一点点外盘，这样一来就造成主动性卖盘远大于主动性买盘，也即内盘比较大，这样的股当时看起来可能比较弱，但日后很可能走出大行情，尤其是长期出现类似情况的股值得密切关注。

如果股价经过充分炒作之后已经高高在上了，情形就恰恰相反，盘中买单要较卖单大，庄家用大买单赶着散户往上冲，他一点点地出，出掉一些后把价位再抬上去，其实是原来的大买单撤了又高挂了，看起来像是大家奋勇向前，其实是散户被人当过河卒用了。偶尔有跟庄的大户一下子把底下的托盘给砸漏了，我们才会看到原来下面的承接盘如此弱不禁风，原因就是大家都被赶到前面去了，个别没买上的恐怕还赶紧撤单高挂，大有不买到誓不罢休的架势，底下其实并没几个单子了，庄家只好尽快补个大单子顶住。这个时候的外盘就远大于内盘了，你说是好事吗？短线跟进，快进快出可能还行，稍不留神就可能被套进去了，让你半年不得翻身。上面提到的是庄家吸筹和出货时的两种典型情况，当时内外盘提供的信号就与我们通常的认识相反，所以，看待内盘外盘首先要做的是搞清楚股价处于什么位置，在没有前提条件的情况下，来单纯地分析根本就得不出有意义的结论。

当然很多时候股价既非高高在上也不是躺在地板上不动，而是在那上蹿下跳走上升通道，或走下降通道，或做箱形振荡，或窄幅横盘整理，这些时候又如何来判断内外盘的意义呢？当股票沿着一定斜率的浪形上升时，在每一波的高点之前，多是外盘强于内盘，盘中常见大买单层层推进或不停地有主动买盘介入，股价在冲刺过程中，价量齐升，此时应注意逐步逢高减磅。当股价见顶回落时，内盘就强于外盘了，此时更应及时离场，因为即使以后还有高点，必要的回档也会有的，我们大可等低点再买回来，何况我们并没有绝对的把握说还会有新高出现。后来股价有一定跌幅，受到某一均线的支持，虽然内盘仍强于外盘，但股价已不再下跌，盘中常见大买单横在那儿，虽然不往上抬，但有多少接多少，这就是所谓逢低吸纳了，此时我们也不妨少量参与，即使万一上升通道被打破，前一高点成了最高点，我们起码也可寄希望于双头或头肩顶，那样我们也还是有逃命的机会。上面是指股价运行在上升通道中的情况，而股价运行在下降通道中的情况恰恰相反。只有在较短的反弹过程中才会出现外盘大于内盘的情况，大多数情况下都是内盘大于外盘，对于这样的股，我们不参与也罢。至于箱形振荡的股票，由于成交量往往呈有规律的放大和缩小，因此介入和退出的时机较好把握，借助内外盘做判断的特征大致和走上升通道的股票差不多。窄幅盘整的股票，则往往伴随成交量的大幅萎缩，内外盘的参考意义就更小了。因为看待内外盘的大小必须结合成交量的大小来看，当成交量极小或极大的时候往往是纯粹的散户行情或庄家大量对倒，内外盘已经失去了本身的意义，虚假的成分太多了。

当股价处于低位的上升初期或主升期，外盘大于内盘，则是大资金进场买入的表现。

当股价处于高位的上升末期，外盘小于内盘，则是大资金出场卖出的表现。

当股价处于低位的上升初期或横盘区，外盘远小于内盘，不管日线是否收阴，只要一两日内止跌向上，则往往是大资金假打压、真进场买入的表现！是在诱空。

当股价处于高位的上升末期或高位横盘区，外盘远大于内盘，但股价滞涨或尾市拉升，无论日线阴阳，往往是大资金假拉升、真卖出的表现！是在诱多。

另外有两种极端的情况就是涨停和跌停时的内外盘。当股价涨停时，所有成交都是内盘，但上涨的决心相当坚决，并不能因内盘远大于外盘就判断走势欠佳，而跌停时所有成交都是外盘，但下跌动力十足，因此也不能因外盘远大于内盘而说走势强劲。

总而言之，内盘和外盘的大小对判断股票的走势有一定帮助，但一定要同时结合股价所处的位置和成交量的大小来进行判断，而且更要注意的是股票走势的大形态，千万不能过分注重细节而忽略了大局。

3. 内盘、外盘分析技巧

（1）下有托板，而出现大量隐形内盘，为庄家出货迹象。

（2）上有盖板，而出现大量隐形外盘，股价不跌，为大幅上涨的先兆。

（3）外盘大于内盘，股价仍上升，看高一线。

（4）内盘大于外盘，股价不跌或反有微升，可能有庄家进场。

（5）外盘大于内盘，股价不上涨，警惕庄家出货。

（6）内外盘都较小，股价轻微上涨，是庄家锁定筹码，轻轻地托着股价上走的时候。

（7）内盘大于外盘，价跌量增，连续第二天，是明眼人最后一次出货的机会。

盘口中，买卖盘上所放的挂单，往往是庄家骗散户用的假象。大量的卖盘挂单俗称上盖板，大量的买盘挂单俗称下托板，而真正庄家目的性买卖盘通常是及时成交的，隐形盘虽在买卖盘口看不到，但在成交盘中是跑不了的。因此，研究隐形盘的成交与挂单的关系，就可看清庄家的真实意图。

庄家只要进出，是很难逃脱内外盘盘口的，虽可用对敲盘暂时迷惑人，但庄家大量筹码的进出，必然会从内外盘中流露出来。

第二章
利用技术指标捕捉盘中启动点

第一节　利用 EMA 均线系统技法和盘口特征捕捉盘中启动点

1. 解读移动平均线

移动平均线由美国投资专家葛兰威尔（J. Granville）所创立，由道氏股价分析理论的"三种趋势说"演变而来，将道氏理论具体地加以数字化，以数学的角度，通过量化的标准，从数字的变动中去分析行情未来短期、中期、长期可能出现的市场变化，为交易决策提供依据。

移动平均线常规应用法则：葛兰威尔八大法则

（1）平均线从下降走势逐渐转为盘式上升走势，而价格从平均线下方突破平均线并站稳均线上方，为买进信号。

（2）价格虽然跌破平均线，但又立刻回升到平均线上，此时平均线仍然持续上升，仍为买进信号。

（3）价格趋势走在平均线上，价格下跌并未跌破平均线且立刻反转上升，也是买进信号。

（4）价格突然暴跌，跌破平均线，且远离平均线，则有可能随时出现反弹上升行情，也为买进时机。

（5）价格在平均线的上方运行，从上升态势逐渐转为盘局，不再创出新高，并出现下跌态势，且价格向下跌破平均线，为卖出信号。

（6）价格在均线的下方运行，虽然向上突破平均线，但又立刻回跌至平均线下，此时表明趋势并没有转变，价格仍然有可能持续下跌，所以为卖出信号。

（7）行情在平均线下方运行，价格虽然上升，但却并未突破平均线便立刻反转下跌，也是卖出信号。

（8）价格从均线下方向上突破平均线之后，突然暴涨，且远离平均线，出现明显的过度乖离走势时，表明行情有可能随时回跌，也为卖出时机。

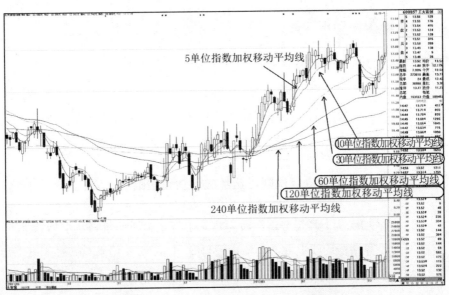

图 2-1　600857 工大首创日 K 线图

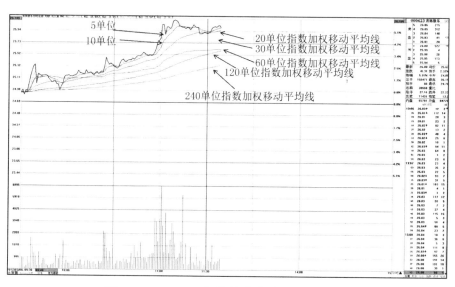

图 2-2　000623 吉林敖东盘中分时曲线图

如图 2-1、图 2-2 所示：本技法中的移动平均线系统采用 EMA 指数加权移动平均线，其英文是"Exponential Moving Average"，中文可以翻译为"指数移动平均线"，实际上也是一种加权移动平均线，对距离当前较近的 K 线赋予了较大的权重。

EMA 指数加权移动平均线的计算方法：

EXPMA　i＝(n−1)/(n+1)EXPMA　i−1+2/(n+1)P i

其中，Pi 为第 i 日的股价，n 为时间长度，EXPMA1＝MA1，即计算时第一个的指数移动平均用简单移动平均值。2/（n+1）叫指数因子，它反映了最新价格所占的比例。举例来说，一只股票 19 天的简单移动平均值是 100，而下一天的收盘价格是 105，那按上面计算的指数移动平均值为 100.5，其中反映最新价格所占的比重的指数因子为 0.1。从上面的计算可见，时间区间越短，指数因子越大，最新价格占的比例也越大。

EMA 指数加权移动平均线的参数设定为：

N1：5 单位指数加权移动平均线；

N2：10 单位指数加权移动平均线；

N3：30 单位指数加权移动平均线；

N4：60 单位指数加权移动平均线；

N5：120 单位指数加权移动平均线；

N6：240 单位指数加权移动平均线。

EMA 指数加权移动平均线的公式代码：

MA1：EMA（CLOSE，n1），COLORWHITE；

MA2：EMA（CLOSE，n2），COLORYELLOW；

MA3：EMA（CLOSE，n3），COLORMAGENTA；

MA4：EMA（CLOSE，n4），COLORGREEN；

MA5：EMA（CLOSE，n5），COLORCYAN；

MA6：EMA（CLOSE，n6），COLORRED。

2. EMA 指数加权移动平均线（以下简称"均线"）系统技法及盘口特征

（1）股价长时间在均线系统之间无量或小量（量比小于 1）振荡，其间成交量明显萎缩，显示盘中浮筹已清洗干净，均线系统呈现走平状态。

（2）均线系统呈现密集状态，表明短期市场中的持股成本趋于集中，密集状态具有支撑和压力的作用，即使盘中买进后遇大盘下跌拖累，也很难跌破密集区。

（3）个股涨幅小于 5%，最好在涨幅二三个点左右。

（4）当符合特征（1）、（2）、（3），并且价格于盘中首次明显放量上穿均线系统时下单买进。

3. 案例精解

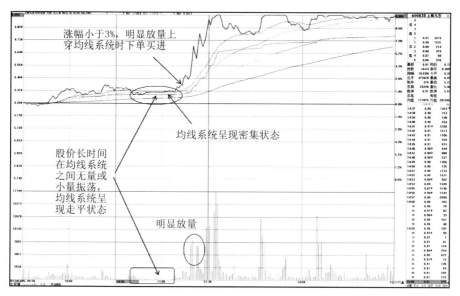

图 2-3　600838 上海九百分时曲线图

看图分析精要：如图 2-3 所示。

（1）600838 上海九百在上午小幅冲高后回落遇均线系统支撑并长时间振荡，其间成交量明显萎缩，显示盘中浮筹已所剩无几。

（2）均线系统已走平，并呈现密集状态，表明短期市场中的持股成本趋于集中。

（3）涨幅小于3%，股价于盘中首次明显放量上穿均线系统，此时与主力拉升同步买进。

看图分析精要：如图 2-4 所示。

（1）600200 江苏吴中早盘在均线系统之间长时间小量振荡，其间成交量明显萎缩，显示盘中浮筹已清洗干净。

（2）均线系统已走平，并呈现密集状态，表明短期市场中的持股成本趋于集中，主力随时可能拉升。

（3）涨幅小于1%，股价于盘中首次明显放量上穿均线系统，果断下单买进。

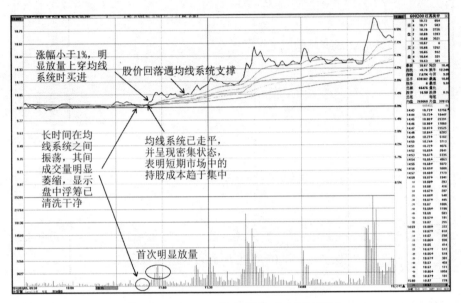

图2-4　600200江苏吴中分时曲线图

看图分析精要：如图2-5所示。

（1）300086康芝药业早盘、午盘都贴着均线系统上沿振荡盘升，其间成交量明显萎缩。

（2）均线系统长时间走平，并呈现密集状态。

（3）午盘前后的2个买点涨幅都小于4%，当股价带量上穿均线系统时买进。

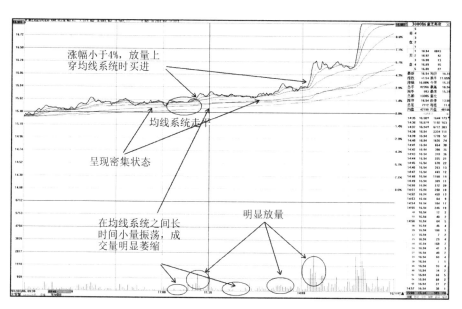

图 2-5　300086 康芝药业分时曲线图

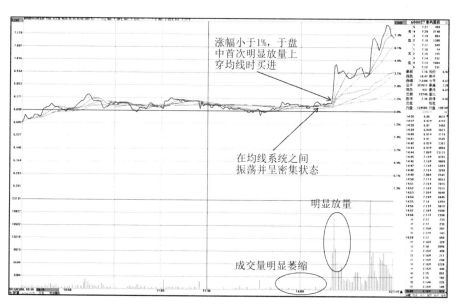

图 2-6　600057 象屿股份分时曲线图

看图分析精要：如图 2-6 所示。

（1）600057 象屿股份盘中长时间在均线系统之间振荡，均线走平并呈密集状态。

（2）期间量能明显萎缩，显示盘中已无浮筹。

（3）涨幅小于 1%，于盘中首次明显放量拉升上穿均线系统时买进。

看图分析精要：如图 2-7 所示。

（1）002624 金磊股份上午小幅下跌，午盘后在均线系统之间长时间振荡，均线走平并呈密集状态。

（2）如图 2-8 所示：成交量虽小幅萎缩，但量比始终小于 1，显示浮筹已清洗完毕。

（3）个股在昨收盘价下潜伏振荡，股价于盘中首次明显放量上穿均线系统，果断下单买进。

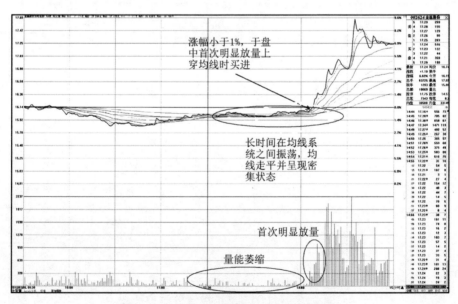

图 2-7　002624 金磊股份分时曲线图

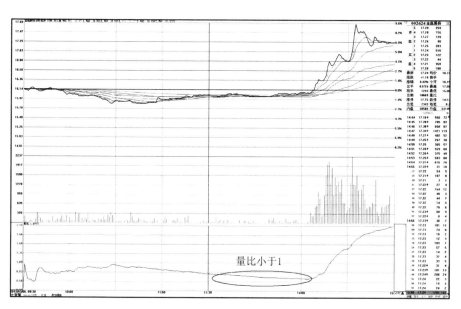

图 2-8　002624 金磊股份分时曲线图

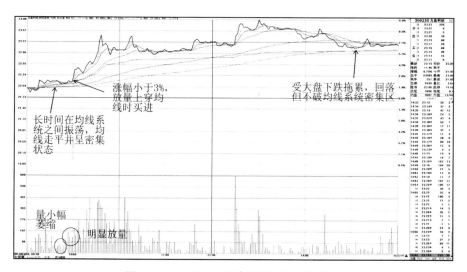

图 2-9　300235 方直科技分时曲线图

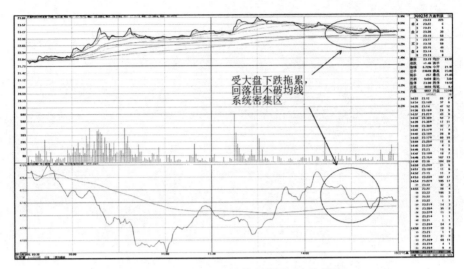

受大盘下跌拖累，
回落但不破均线
系统密集区

图 2-10　　300235 方直科技分时曲线图

看图分析精要：如图 2-9 所示。

（1）300235 方直科技早盘在均线系统之间强势振荡，均线走平并呈现密集状态，表明主力是有备而来。

（2）成交量小幅萎缩。

（3）涨幅小于 3%，个股放量强势拉升时迅速跟进。

（4）如图 2-10 所示：尾盘受大盘跳水，导致股价回落但始终不破均线系统密集区，说明密集区具有强支撑作用。

第二节　利用 MACD 指标技法和盘口特征捕捉盘中启动点

1. 解读 MACD 平滑异同平均指标

MACD 平滑异同平均指标简称 MACD 指标，是由杰拉尔得·阿佩尔（Gerald Appel）于 1979 年根据移动平均线的原理设计出来的一种趋势型指标。因为在运用移动平均线判断买卖时机时，在趋势明显时收效很大，但如果碰上牛皮盘整的行情，所发出的信号就会频繁而不准确。MACD 指标则吸收了移动平均线的优点，通过二次平均之后，不但克服了移动平均线假信号频繁的缺陷，还能够确保移动平均线最大的战果。

MACD 指标的设计原理：

如图 2-11、2-12 所示：MACD 指标是根据每日的收市价，计算两条加权移动平均线不同速度（长期与中期）的指数平滑移动平均线（EMA）的差离值（乖离值），通过测量两条 EMA 平均线的差离值来判断买卖时机。

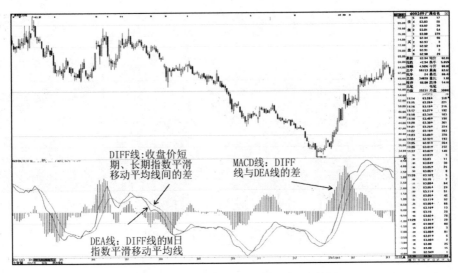

图 2-11　600259 广晟有色日 K 线图

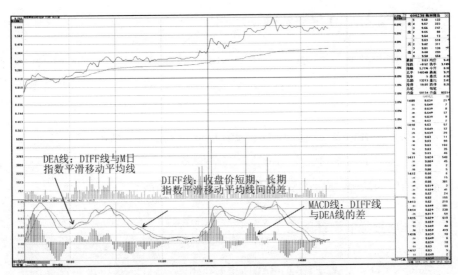

图 2-12　600238 海南椰岛分时曲线图

换句话说，MACD 指标是运用快速（短期）和慢速（长期）移动平均线及其聚合与分离的征兆，并加以双重平滑运算。这样，MACD 指标不但降低了移动平均线频繁发出假信号的频率，也保留了移动平均线的功能效果。因此，MACD 指标既具有均线趋势特性，又比 MA 平均线指标稳重，于是 MACD 指标就成了很多投资者研判行情走势、确定买卖时机以及分析股票价格涨跌的重要技术分析工具。

　　因为 MACD 指标的趋势特性，能够从另一个方面用另一种形式来表现行情的走势形态，所以在目前的金融市场中，是一种极为常用的技术分析指标，我们应该重点讲述。

MACD 指标的计算方法：

　　MACD 指标主要是通过 EMA、DIF 和 DEA（或叫 MACD、DEM）这三值之间关系来研判行情的走势，其中 DIF 和 DEA 线则代表着行情发展的趋势，而 DIF 减去 DEA 的值（差离值、乖离率）就会绘制成 MACD 指标的柱状线，用来研判行情短期的走势的乖离情况，以及分析股价中短期趋势的走势变化。

　　其中，DIF 是核心，DEA 是辅助。DIF 是快速平滑移动平均线（EMA1）和慢速平滑移动平均线（EMA2）的差，MACD 柱状线则是 DIF 和 DEA 的差（差离值、乖离率），在股市技术软件上是用红柱和绿柱的收缩和放大来表示的，其计算方法如下。

　　（1）首先分别计算出 SHORT 日（短期）收盘价的指数平滑移动平均线与 LONG 日（长期）指数平滑移动平均线，分别为 EMA（SHORT）与 EMA（LONG）；

　　（2）求出这两条平均线的差，DIF 等于收盘价的 SHORT 日指数移动平均减收盘价的 LONG 日指数移动平均；

　　（3）计算 DIF 的 MID 日指数平滑移动平均线，记为 DEA，DEA 等于 DIF 的 MID 日指数移动平均；

（4）最后用 DIF 减去 DEA，就得出 MACD（柱状线和 0 轴线），但为了能够使 MACD 的值达到最佳的视觉对比效果，所以设计者将这个差乘以 2，将其值放大两倍并采用柱状线的形式显示这一数值，以更加直观地显示其可视效果，即，MACD=（DIF-DEA）＊2，并画柱状线。

MACD 指标的常规应用方法：

（1）DIF 和 DEA 曲线均为负值时，即在 0 轴线以下为空头市场；DIF 线向上穿越 DEA 线形成低位交叉时，为买入信号。

（2）DIF 和 DEA 曲线均为正值时，即在 0 轴线以上为多头市场；DIF 线向下突破 DEA 线形成高位交叉时，为卖出信号。

（3）DEA 和 DIF 曲线在 0 轴线的上方与主图中的 K 线价格走势形态发生背离，为行情反转向下的卖出信号。

（4）DEA 和 DIF 曲线在 0 轴线的下方与主图中的 K 线价格走势发生背离，为行情反转向上的买入信号。

（5）分析 MACD 柱状线时，当 MACD 柱状线由红变绿（即 DIF 线下穿 DEA 线），为卖出信号；由绿变红（即 DIF 线上穿 DEA 线），为买入信号。

MACD 指标的公式源码：

DIF：EMA（CLOSE，SHORT）-EMA（CLOSE，LONG）；
DEA：EMA（DIF，MID）；
MACD：（DIF-DEA）＊2，COLORSTICK；
其中：参数 SHORT（短期）一般默认值为 12，LONG（长期）一般默认值为 26，DIF 的默认值为 9。

MACD 指标的动态翻译：

输出 DIF：收盘价的 SHORT 日指数移动平均-收盘价的 LONG 日指数

移动平均；

输出 DEA：DIF 的 MID 日指数移动平均；

输出平滑异同平均：（DIF-DEA）＊2,COLORSTICK。

2. MACD 指标技法及盘口特征

（1）DIFF（慢速线）和 DEM（快速线）长时间潜伏于 0 轴之上，最好贴着 0 轴（其间小幅，短时间跌破 0 轴也无妨，只要大部分时间都在 0 轴之上即可）。

（2）股价长时间运行于均价线之上（最好贴于其上，其间偶尔跌破均价线也无妨，只要大部分时间在其上运行即可）。乖离率（股价和均线的差离比率）小于 1.5%。

（3）其间成交量明显萎缩，表明盘中浮筹很少（量比小于 1）。

（4）个股涨幅小于 5%，最好在涨幅 2、3 个点左右。

（5）当符合特征（1）、（2）、（3）、（4），并且 MACD 于盘中突破 0 轴，股价首次明显带量拉升的那一瞬间下单买进。

3. 案例精解

看图分析精要：如图 2-13 所示。

（1）000838 国兴地产整个早盘基本上都贴于均价线运行，其间偶有上拉动作，但都无量，不属于启动拉升。

（2）DIFF（慢速线）和 DEM（快速线）长时间潜伏于 0 轴之上，启动前几乎走平。

（3）其间成交量明显萎缩，盘中已无浮筹。

（4）个股涨幅小于 3.5%，MACD 盘中突破 0 轴，并于股价首次明显放量上攻时下单买进。

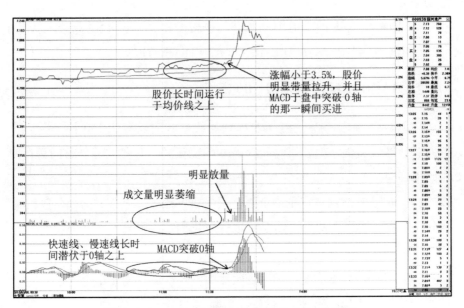

图 2-13　000838 国兴地产盘中分时曲线图

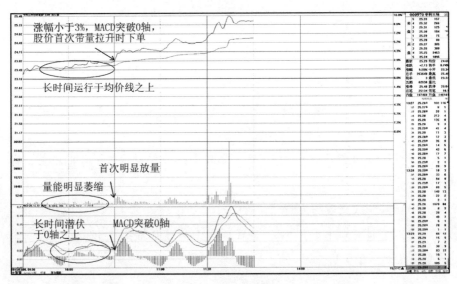

图 2-14　000970 中科三环盘中分时曲线图

看图分析精要：如图 2-14 所示。

（1）000970 中科三环早盘随大势振荡，但始终不破盘中最低价，随后爬上均价线贴其之上窄幅振荡。

（2）DIFF（慢速线）和 DEM（快速线）潜伏于 0 轴之上小幅波动，相机而动。

（3）其间成交量明显萎缩，在拉升前呈现地量（盘中）状态，表明浮筹已清洗干净。

（4）股价涨幅小于 3%，MACD 盘中突破 0 轴，并于股价首次明显放量上攻时下单买进。

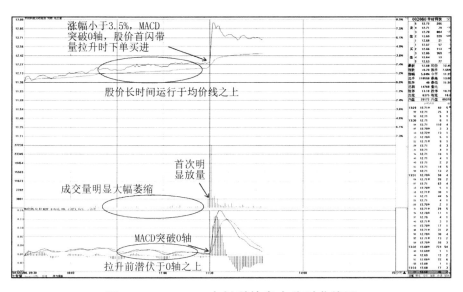

图 2-15　002080 中材科技盘中分时曲线图

看图分析精要：如图 2-15 所示。

（1）002080 中材科技早盘不随大盘振荡，独自振荡盘升，虽离均价线稍远，但属正常乖离范围（乖离率为 1.2%，超出 1.5% 则放弃）。

（2）DIFF（慢速线）和 DEM（快速线）潜伏于 0 轴之上长时间波动。

（3）其间成交量明显大幅萎缩，表明浮筹已清洗干净。

（4）股价涨幅小于3.5%，MACD盘中突破0轴，并于股价首次明显放量上攻时迅速买进。

（5）股价在下午开盘时即以迅雷不及掩耳之势启动拉升，说明主力操盘手法凶悍，此时下单应动作迅捷（提前填好股票代码和买进手数，直接指向卖五，确保成交），否则很可能成交不了。此类盘中走势分为3种，一是突发利好时主力盘中不惜成本扫货。二是主力欲迅速脱离成本区快速拉升时，此时主力是不愿意市场跟风的，以免抬轿。三是主力在出货阶段，故作实力非凡状，迅猛拉升，大单频现，拉到高位后缓慢出货。此3种情形需要结合K线图和当时的盘面状况来具体分析，在本书中就不赘述了，留待下一本书中与读者朋友们交流探讨。

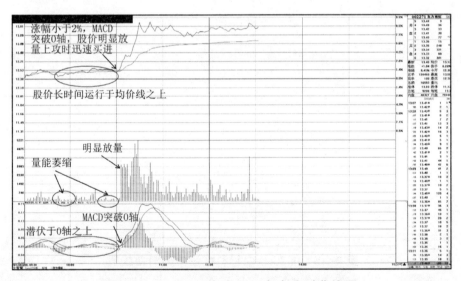

图2-16　002271 东方雨虹盘中分时曲线图

看图分析精要：如图2-16所示。

（1）002271 东方雨虹早盘围绕均价线波动，拉升前贴于均价线之上小幅振荡，等待时机拉升。

（2）DIFF（慢速线）和 DEM（快速线）潜伏于 0 轴之上长时间小幅波动。

（3）其间成交量明显萎缩。

（4）股价涨幅小于 2%，MACD 盘中突破 0 轴，并于股价明显放量拉升时迅速跟进。

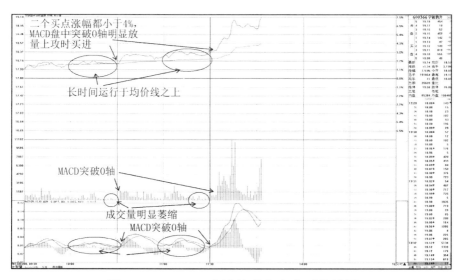

图 2-17　600366 宁波韵升盘中分时曲线图

看图分析精要：如图 2-17 所示。

（1）600366 宁波韵升于早盘和午盘拉升前都长时间潜伏于均价线之上。

（2）DIFF（慢速线）和 DEM（快速线）于 2 次拉升前都潜伏于 0 轴之上长时间波动。

（3）其间成交量明显萎缩，显示盘中浮筹已清洗干净。

（4）第一次启动前涨幅小于 3%，第二次拉升前涨幅小于 4%，MACD 盘中突破 0 轴，股价明显放量拉升时迅速跟进。

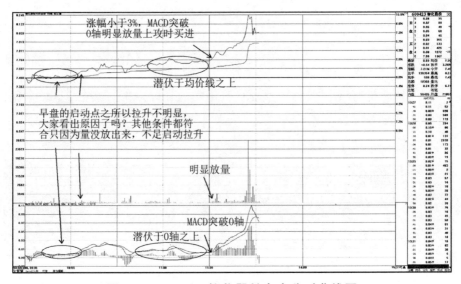

图 2-18　600423 柳化股份盘中分时曲线图

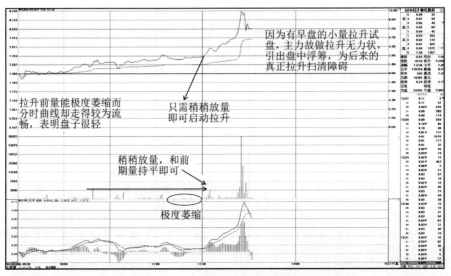

图 2-19　600423 柳化股份盘中分时曲线图

看图分析精要：如图 2-18 所示。

（1）600423 柳化股份长时间潜伏于均价线之上小幅振荡。

（2）DIFF（慢速线）和 DEM（快速线）于拉升前潜伏于 0 轴之上长时间波动。

（3）其间成交量大幅萎缩，拉升前盘中的交投比较清淡，而分时曲线却走得较为流畅，此种反差反映出盘口很轻，盘中浮筹所剩无几，只需稍稍放量即可拉升。

（4）涨幅小于 3%，MACD 盘中突破 0 轴，股价放量拉升时买进。

（5）早盘的启动点之所以拉升不明显，是因为放量不足，导致涨幅有限。

（6）结合图 2-18、图 2-19 所示：其中的奥妙不知大家看出来了没有？早盘量能不足导致拉升有限，而午盘时的拉升为什么不需要太大的量即可启动拉升呢？见图 2-19 详解：现在大家知道了早盘为什么无量拉升，只不过是主力故作拉升无力状，引得浮筹出来，待到盘中地量出现时（浮筹已清洗干净），只需稍稍放量即可拉升，细节决定成败，只要我们不放过每个细节，勤于思考，主力的意图我们都可捕捉到。

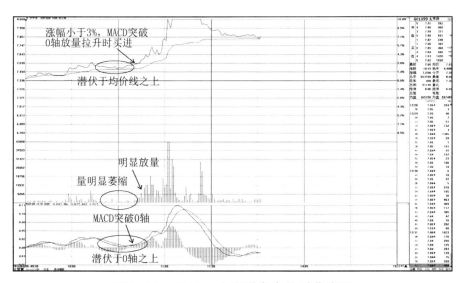

图 2-20　601099 太平洋盘中分时曲线图

看图分析精要：如图 2-20 所示。

（1）601099 太平洋早盘潜伏于均价线之上小幅振荡。

（2）DIFF（慢速线）和 DEM（快速线）长时间在 0 轴之上波动，其间有次幅度较深的下探，但始终不破 0 轴。

（3）其间成交量明显大幅萎缩。

（4）涨幅小于 3%，MACD 盘中突破 0 轴，股价明显放量拉升时买进。

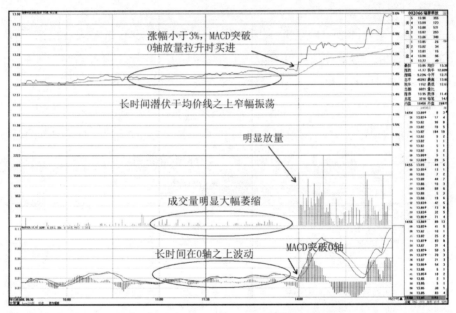

图 2-21　002066 瑞泰科技分时曲线图

看图分析精要：如图 2-21 所示。

（1）002066 瑞泰科技早盘和午盘都贴于均价线之上小幅波动，于 14 点准时启动拉升，注意是 14 点整（这是主力选择拉升的时点之一）。

（2）DIFF（慢速线）和 DEM（快速线）长时间潜伏于 0 轴之上波动。

（3）如图 2-22 所示：其间成交量明显大幅萎缩，特别是拉升前的那一刻，股价微幅下探，量能几乎停滞，表明已无浮筹。

（4）涨幅小于 3%，MACD 盘中突破 0 轴，股价明显放量拉升时迅速买进。

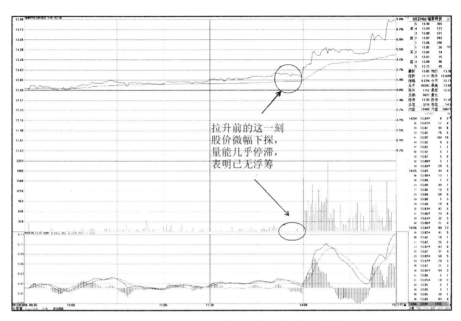

图 2-22　002066 瑞泰科技分时曲线图

第三节　利用 KDJ 指标技法和
盘口特征捕捉盘中启动点

1. 解读 KDJ 随机指标

KDJ 全名为随机指标（Stochastics），由美国的乔治·莱恩（George Lane）博士所创，其综合了动量观念、强弱指标以及移动平均线的优点，根据统计学的原理，通过一个特定的周期内出现过的最高价、最低价以及最后一个计算周期的收盘价这三者之间的比例关系来确定最后一个周期的未成熟随机值 RSV，然后根据平滑移动平均线的方法来计算 K 值、D 值与 J 值，绘成曲线图来研判股票走势，并利用价格波动的真实波幅来反映价格走势的强弱和超买超卖情况，在价格尚未上升或下降之前发出买卖信号。

它在设计过程中虽然主要是研究最高价、最低价和收盘价之间的关系，但同时也融合了动量观念、强弱指标和移动平均线的一些优点，因此，能够比较迅速、快捷、直观地研判行情的变化，对买卖信号的判断更加准确，是一种新颖快捷的实用技术分析指标。它起先应用于期货市场的分析，后被广泛用于股市的中短期趋势分析，是期货和股票市场上最常用的技术分析工具。

KDJ 指标的设计原理：

如图 2-23、图 2-24 所示：随机指标 KDJ 最早是以 KD 指标的形式出现，所以最早的 KDJ 指标只有两条线，即 K 线和 D 线，指标也被称为 KD 指标。

随着股市分析技术的发展，KD 指标也逐渐演变成 KDJ 指标了，而实际上 KDJ 指标只不过增加了一条 J 线，用以辅助 KD 指标更好地表现市场的超买和超卖，从而提高了 KDJ 指标分析行情的作用。

随机指标设计的思路与计算公式都起源于威廉（W%R）理论，但比 W%R 指标更具使用价值，W%R 指标一般只限于用来判断股票的超买和超卖现象，而随机指标却融合了移动平均线的思想，并在设计中综合了动量指标、强弱指数的一些优点，通过 K、D、J 三条曲线波动于 0~100 之间，显示阶段性行情的超买和超卖。在使用的过程中，通常当 J 线处于 80 以上的区域时，是行情进入了超买区的信号，指标显示的趋势随时有出现下跌的可能，所以，当 K 线、D 线、J 线处于 80 以上，形成向下交叉的形态时，就属于看跌信号。

相反，当 J 线处于 20 以下的区域时，就是行情进入了超卖区的信号，指标显示趋势随时有可能上涨，所以，K 线、D 线、J 线处于 20 以下，形成向上交叉的形态时，就属于看涨信号。

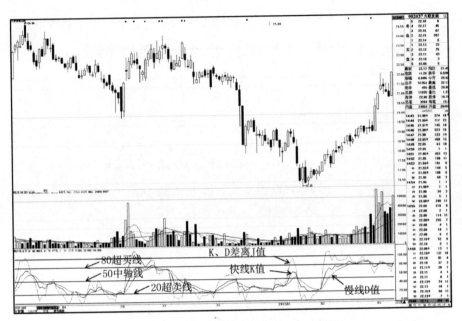

图 2-23　002037 久联发展日 K 线图

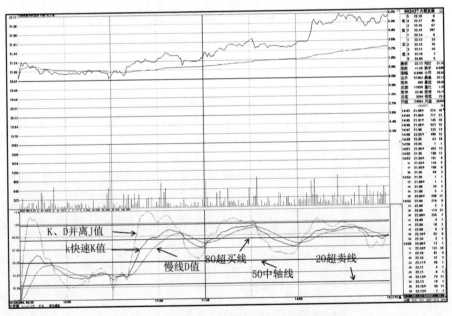

图 2-24　002037 久联发展分时曲线线图

KDJ 指标的计算方法：

指标 KDJ 的计算比较复杂，首先要计算周期（n 日、n 周等）的 RSV 值，即未成熟随机指标值，然后再计算 K 值、D 值、J 值等。以日 KDJ 数值的计算为例，其计算公式为：

n 日 RSV＝（Cn−Ln）÷（Hn−Ln）×100

公式中，Cn 为第 n 日收盘价，Ln 为 n 日内的最低价，Hn 为 n 日内的最高价。RSV 值始终在 1~100 间波动。

其次，计算 K 值与 D 值：

当日 K 值＝2/3×前一日 K 值+1/3×当日 RSV

当日 D 值＝2/3×前一日 D 值+1/3×当日 K 值

若无前一日 K 值与 D 值，则可分别用 50 来代替。

以 9 日为周期的 KD 线为例，首先须计算出最近 9 日的 RSV 值，即未成熟随机值，计算公式为：

9 日 RSV＝（C−L9）÷（H9−L9）×100

公式中，C 为第 9 日的收盘价，L9 为 9 日内的最低价，H9 为 9 日内的最高价。

K 值＝2/3×前一日 K 值+1/3×当日 RSV

D 值＝2/3×前一日 K 值+1/3×当日 K 值

若无前一日 K 值与 D 值，则可以分别用 50 代替。

J 值＝3×当日 K 值−2×当日 D 值。

KDJ 指标的公式源码：

RSV：＝［CLOSE−LLV（LOW,N）］/［HHV（HIGH,N）−LLV（LOW,N）］＊100；

K:SMA（RSV,M1,1）；

D:SMA（K,M2,1）；

J:3＊K−2＊D。

KDJ 指标的动态翻译：

最低价的最低值/（N 日内最高价的最高值－N 日内最低价的最低值）×100；

K＝RSV 的 M1 日[1 日权重]移动平均；

D＝K 的 M2 日[1 日权重]移动平均；

J＝3×K－2×D。

KDJ 指标的常规应用方法：

（1）D>80，超买；D<20，超卖；J>100%超卖；J<10%超卖。

（2）K 线向上突破 D 线，买进信号；K 线向下跌破 D 线，卖出信号。

（3）K 线与 D 线的交叉发生在 70 以上、30 以下，才有效。

（4）KD 指标不适于发行量小、交易不活跃的股票。

（5）KD 指标对大盘和热门大盘股有极高准确性。

2. KDJ 指标技法及盘口特征：

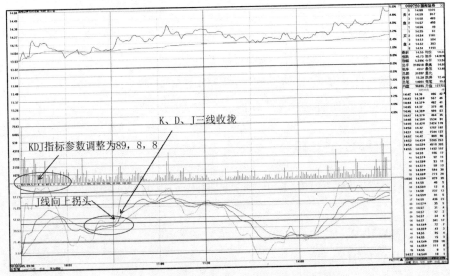

图 2-25　000750 国海证券分时曲线图

80

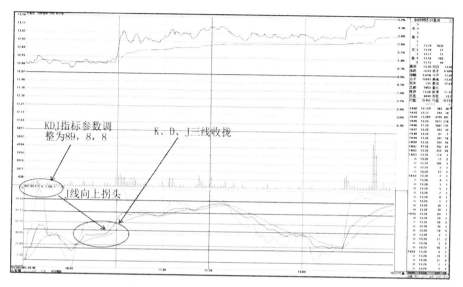

图 2-26　000995ST 皇台分时曲线图

（1）如图 2-25、图 2-26 所示：KDJ 指标特殊战法将 KDJ 指标参数调整为 89，8，8，K、D、J 三线收拢后 J 线向上拐头。

（2）其间成交量明显萎缩，表明盘中浮筹已清洗干净。

（3）个股涨幅小于 5%，涨幅越小越好。

（4）当符合特征（1）、（2）、（3），并且 J 线向上拐头，股价明显放量拉升时下单买进。

3. 案例精解

看图分析精要：如图 2-27 所示。

（1）000860 顺鑫农业早盘在均价线之下振荡，其间虽有一拨急跌，但始终没跌破前一天收盘价，表现较为强势（在日常看盘中，前一天收盘价在当日走势中具有支撑作用），K、D、J 三线收拢后 J 线向上拐头。

（2）其间成交量明显萎缩。

（3）个股涨幅小于2%，当J线向上拐头，股价放量启动拉升时下单买进。

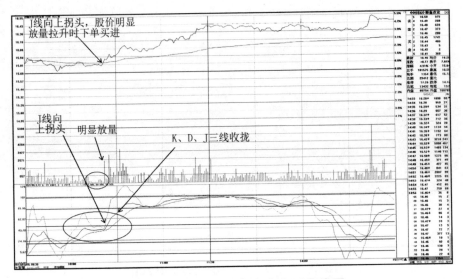

图 2-27　000860 顺鑫农业分时曲线图

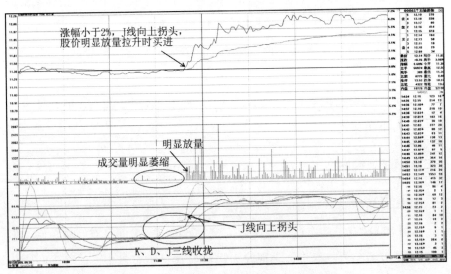

图 2-28　000617 石油济柴分时曲线图

看图分析精要：如图 2-28 所示。

（1）000617 石油济柴早盘小幅走低后一直在前一天收盘价附近窄幅振荡，临近午盘时突破均价线放量拉升。

（2）K、D、J 三线收拢后 J 线向上拐头。

（3）其间成交量明显萎缩，表明盘中浮筹已清洗干净。

（4）个股涨幅小于 2%，当 J 线向上拐头，股价放量拉升时下单买进。

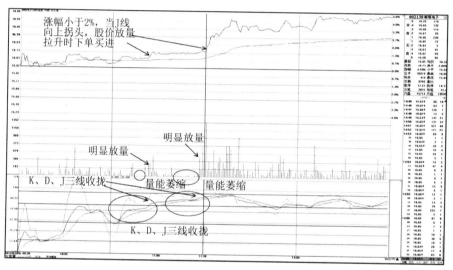

图 2-29　002138 顺络电子分时曲线图

看图分析精要：如图 2-29 所示。

（1）002138 顺络电子于早盘和午盘各出现一标准买点，其 KDJ 指标的 K、D、J 三线收拢后 J 线向上拐头。

（2）其间成交量明显大幅萎缩（和缩量之前的量能形成明显对比）。

（3）股价涨幅小于 2%，当 J 线向上拐头，股价放量拉升时下单买进。

看图分析精要：如图 2-30 所示。

（1）002180 万力达整个分时曲线走得较为凝重，盘中交投比较活跃，呈温和放量状态，尾盘 K、D、J 三线收拢后 J 线向上拐头。

（2）其间成交量小幅萎缩，浮筹清洗得不甚理想。

（3）股价涨幅小于4%，J线向上拐头，股价放量拉升时下单买进。虽K线收盘是光头阳线，但浮筹清洗得不理想，导致拉升幅度有限。

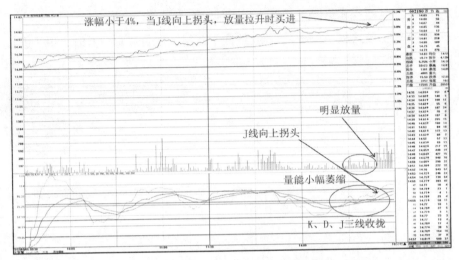

涨幅小于4%，当J线向上拐头，放量拉升时买进

明显放量

J线向上拐头

量能小幅萎缩

K、D、J三线收拢

图2-30　002180万力达分时曲线图

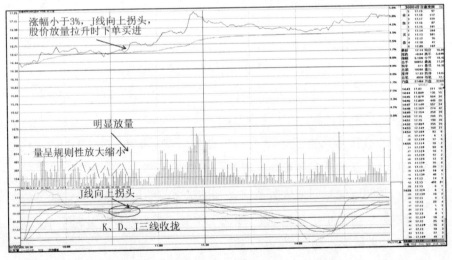

涨幅小于3%，J线向上拐头，股价放量拉升时下单买进

明显放量

量呈规则性放大缩小

J线向上拐头

K、D、J三线收拢

图2-31　300048合康变频分时曲线图

看图分析精要：如图 2-31 所示。

（1）300048 合康变频早盘 K、D、J 三线收拢后 J 线向上拐头。

（2）成交量呈规则性放大缩小，主力操纵明显。

（3）股价涨幅小于 3%，J 线向上拐头，股价放量拉升时下单买进。

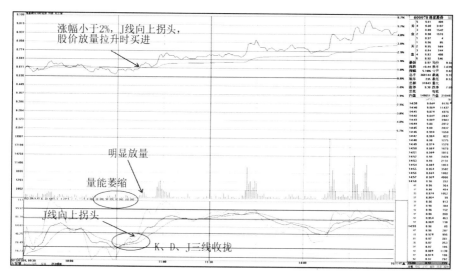

图 2-32　600087 澄星股份分时曲线图

看图分析精要：如图 2-32 所示。

（1）600087 澄星股份早盘围绕均价线振荡，其间小幅下跌，但不破前一天收盘价，走势较强，股价突破均价线后放量拉升。

（2）K、D、J 三线收拢后 J 线向上拐头。

（3）其间成交量明显萎缩，浮筹清洗得较理想。

（4）股价涨幅小于 2%，J 线向上拐头，股价放量拉升时下单买进。

看图分析精要：如图 2-33 所示。

（1）600099 林海股份早盘低开后一直在前一天收盘价下缠绕均价线振荡，当放量突破均价线时启动拉升。

（2）K、D、J 三线收拢后 J 线向上拐头。

（3）其间成交量明显萎缩，盘中浮筹清洗得较干净。

（4）股价涨幅小于0%，J线向上拐头，股价放巨量（盘中单笔量达4位数，50多万股）拉升时下单买进。

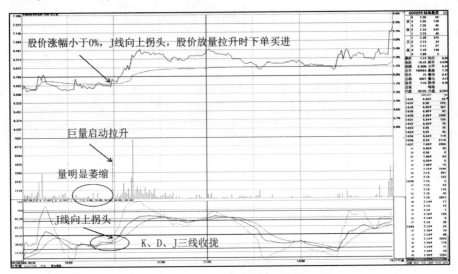

图2-33　600099 林海股份分时曲线图

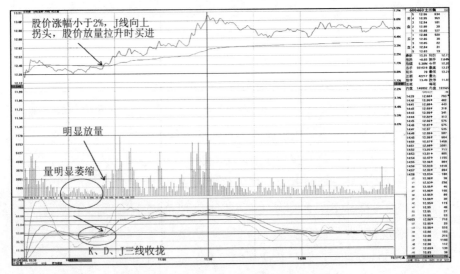

图2-34　600460 士兰微分时曲线图

看图分析精要：如图 2-34 所示。

（1）600460 士兰微早盘冲高回落后一直在前一天收盘价下振荡，但不破前一天收盘价，走势较强，当放量突破均价线时启动拉升。

（2）K、D、J 三线收拢后 J 线向上拐头。

（3）其间成交量大幅萎缩（和早盘量能对比），盘中浮筹清洗得较干净。

（4）股价涨幅小于 2%，J 线向上拐头，股价放量拉升时下单买进。

第四节　利用 BOLL 指标技法和盘口特征捕捉盘中启动点

1. 解读 BOLL（布林带）指标和布林带宽指标

BOLL 指标是一种非常简单实用的技术分析指标。BOLL 指标又叫布林线指标，其英文全称是 Bolinger Bands。布林线指标是美国股市分析家约翰·布林根据统计学中的标准差原理，求出股价的标准差及其信赖区间，从而确定股价的波动范围及未来走势，并利用波带的变化和价格之间的距离关系显示行情走势的高低价位区域，因而布林线也被称为布林带。

布林线指标属路径指标，其波带宽度的上下限范围并不固定，随着行情走势的变化而变化。因此，当行情价格在布林线指标的上限和下限的区间之内波动时，布林线的带状线也会随着行情的上涨和下跌变宽或变窄。当股价涨跌幅度加大，出现延续时，带状区就会变宽；当涨跌幅度变小或横盘整理时，带状区间就会变窄。所以，布林带不断放大之时，通常意味着行情在不断上涨或下跌；布林带由宽变窄时，则意味着行情上涨或下跌的走势开始放缓，上涨和下跌的力量出现衰竭；当布林带持续收缩至 10%

以内形成狭窄通道时（上轨与下轨的差除以中轨的商小于0.10）行情随时有可能出现突发性涨跌；当行情价格的波动超出狭窄的布林带的上轨时，预示着股价波动异常，强劲涨势即将开始；当行情价格的波动超出狭窄的布林带的下轨时，同样也预示着股价异常强劲的跌势即将开始。

BOLL 指标的设计原理：

行情的走势总是围绕着某一价格中枢（如均线、成本线等）在一定的范围内波动，BOLL 指标正是在上述条件的基础上，引进了"股价通道"的概念。布林带的设计者认为股价通道的宽窄会随着股价波动幅度的大小而变化，而且股价通道又具有变异性，它会随着股价的变化而自动调整，并且 BOLL 指标中的股价通道概念正是股价趋势理论的直观表现形式。正是由于它具有灵活性、直观性和趋势性的特点，BOLL 指标渐渐成为投机市场中广为应用的热门指标。

BOLL 指标与其他指标一样，都不是百发百中的武器，BOLL 指标同样有其自身的缺陷局限性。投资者在运用 BOLL 指标时常常会遇到两种最常见的交易陷阱，一是买低陷阱，投资者在所谓的低位买进之后，行情不仅没有止跌反而持续不断下跌；二是卖高陷阱，行情在所谓的高点卖出后，行情没有下跌而是依然如故的一路上涨。

BOLL 指标的计算方法：

所有的指标计算中，BOLL 指标的计算方法是最复杂的之一，因为其中引进了统计学中的标准差概念，涉及中轨线（BOLL）、上轨线（UPPER）和下轨线（LOWER）的计算，其计算方法如下：

（1）计算 MA

MA＝N 日内的收盘价之和÷N

（2）计算标准差 MD

MD＝平方根 N 日的（C-MA）的两次方之和除以 N

（3）计算中轨线 MB（BOLL）、上轨线 UP（UPPER）、下轨线 DN（LOWER）

但是现在因为分析软件中已经将很多复杂的公式编写成了函数的形式，所以我们只需要引入应用函数，就可以轻松的编写一个公式，其计算方法如下。

参数 N 为：20

中轨线 = N 日的移动平均线

上轨线 = 中轨线 + 两倍的标准差

下轨线 = 中轨线 − 两倍的标准差

BOLL 指标的公式源码：

BOLL：MA(CLOSE, N)；

UPPER：BOLL+2 * STD(CLOSE, N)；

LOWER：BOLL−2 * STD(CLOSE, N)。

BOLL 指标的动态翻译：

BOLL：收盘价的 N 日简单移动平均

UPPER：BOLL+2 * 收盘价的 N 日估算标准差

LOWER：BOLL−2 * 收盘价的 N 日估算标准差

BOLL 指标的应用要则：

如图 2-35、图 2-36 所示。

（1）当 BOLL 指标的上、中、下三条轨道线同时向上运行时，表明行情呈强势特征，价格通常会在中轨与上轨之间运行，在短期内将继续原先的上涨趋势；如果价格通过短期的回调，受到中轨的支撑，并再次上涨，属于胜算较高的买入时机。

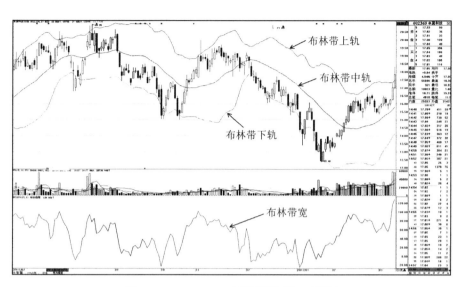

图 2-35　002369 卓翼科技日 K 线图

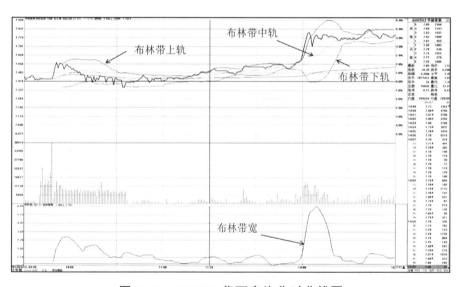

图 2-36　600503 华丽家族分时曲线图

（2）当 BOLL 指标的上、中、下三条轨道线同时向下运行时，表明行情呈弱势特征，价格通常会在中轨与下轨之间运行，在短期内将继续原先的下跌趋势；如果价格通过短期的反弹，受到中轨的压制，并再次下跌，属于风险较高的卖出时机。

（3）当 BOLL 指标的上轨线向下运行，而中轨线和下轨线却还在向上运行时，表明行情处于整理态势之中。如果此时行情是处于长期上升趋势中时，则表明行情此时在上涨途中进行阶段性强势整理，长线投资者应继续持有。如果行情经过整理之后，再次出现上涨时，则是短线投资者逢低买入的时机。如果行情是处于长期下跌趋势中时，则表明行情是下跌途中的弱势整理，无论是短线投资者还是长线投资者都不应在此时买入，因为此时买入，即便是行情出现了阶段性反弹，也会受中轨线的压制而出现夭折的现象。

（4）当 BOLL 指标的上、中、下轨线几乎同时处于水平方向横向运行时，通常意味着行情进入了中级别的振荡整理行情之中，此时行情走势无法确定，只能根据目前的行情走势所处的位置来判断行情可能出现的变化。所以，当 BOLL 指标出现类似形态时，说明行情存在较多的变数，应小心应对。

BOLL 指标的基本应用方法：

（1）当价格从 BOLL 指标的中轨线以下向上突破 BOLL 指标中轨线时，预示着股价的强势特征开始出现，股价将上涨，投资者应以中长线买入股票为主。

（2）当价格从 BOLL 指标的中轨线以上向上突破布林带上轨时，预示着股价的强势特征已经确立，股价将可能短线大涨，投资者应以持股待涨或短线买入为主。

（3）当价格向上突破 BOLL 指标上轨以后，其运动方向继续向上时，如果布林带的上、中、下轨线的运动方向也同时向上，则预示着股市的强势特征依旧，股价短期内还将上涨，投资者应继续持有股票待涨，直到 K 线的运动方向开始有掉头向下的迹象时，才应注意行情反转的卖出信号。

（4）当价格在 BOLL 指标上轨上方向上运行了一段时间后，如果 K 线的运动方向开始掉头向下，投资者应格外小心，一旦 K 线掉头向下并向下击破布林线上轨时，预示着股价短期的强势行情可能结束，股价很有可能出现短期下跌，短线投资者应及时卖出股票、离场观望，特别是对于那些短线涨幅很大的股票。

（5）当价格从 BOLL 指标的上方向下突破上轨后，如果 BOLL 指标的上、中、下轨线的运动方向也开始同时向下，预示着股价的短期强势行情即将结束，股价的短期走势不容乐观，投资者应以逢高减仓为主。

（6）当价格从 BOLL 指标中轨上方向下突破布林线的中轨时，预示着股价前期的强势行情已经结束，股价的中期下跌趋势已经形成，短、中线投资者应及时卖出股票。如果 BOLL 指标的上、中、下线也同时向下运行，出现了向下弯头的现象则更能确认这一结论。

（7）当价格向下跌破 BOLL 指标的下轨并继续向下时，预示着股价处于极度弱势行情，投资者应卖出手中的仓位持币等待，不应大笔买入股票。

（8）当价格在 BOLL 指标的下轨下方运行了一段时间后，如果 K 线的运动方向有拐头向上的迹象时，表明股价短期内将止跌企稳，投资者可以在此时少量建仓。

（9）当价格从 BOLL 指标下轨下方向上突破布林带下轨时，预示着股价的短期行情可能回暖，行情有可能出现反弹，投资者可以及时适量买进股票。

（10）当价格一直处于 BOLL 指标中轨线上方，并和中轨线一起向上运动时，表明股价处于强势上涨过程中，只要 K 线不跌破中轨线，投资者就应继续持有，放大优势，让利润奔跑，充分利用趋势的作用。

（11）当价格一直处于中轨线下方，并和中轨线一起向下运动时，表明股价处于弱势下跌过程中，只要 K 线不向上反转突破中轨线，稳健的投资者都会选择回避的态度。

布林带宽指标的公式源码：

MID：＝ MA（CLOSE，N）；

UPPER：＝MID+2＊std（c，n）；

LOWER：＝MID−2＊std（c，n）；

布林带宽：（UPPER−LOWER）/MID；

其参数 N 为 20

布林带宽设计原理：

布林带宽指标以相对概念描述了布林带宽度的变化。

布林带宽指标的基本应用方法：

（1）当布林带宽迅速放大，带宽值处于 6 个月来的新高时，常常意味着布林带处于异动状态，处于波动率较高的阶段，此时市场运行趋势发生反转的可能性很大。

（2）当布林带愈收愈紧时，常常意味着市场将发生反转，一旦布林带宽突然放大，随之而来的是市场运行趋势的反向变化。

（3）布林带宽还有一个作用是能预示一波强劲趋势的结束，当市场强劲趋势形成后，常常会导致市场敏感性增强，从而导致布林带宽以夸张的方式增大，此时布林带的下轨出现转头向下，市场趋势可以暂时结束。

2. BOLL 指标技法及盘口特征

（1）股价小幅振荡，布林带收窄，布林带宽小于 0.5（或接近 0.5 也可），说明股价在盘中振幅越来越窄，将面临方向选择。

（2）其间成交量明显大幅萎缩，表明盘中浮筹清洗干净。

（3）个股涨幅小于 5%，最好在涨幅 2、3 个点左右。

（4）当符合特征（1）、（2）、（3），并且股价于盘中首次明显放量，突破布林带中轨或上轨进行拉升时下单买进。

3. 案例精解

看图分析精要：如图 2-37 所示。

（1）000710 天兴仪表盘中小幅振荡，布林带收窄，布林带宽小于0.5，股价将面临方向性选择。

（2）其间成交量明显萎缩，浮筹清洗得很干净。

（3）股价涨幅小于 3%，并于盘中明显放量突破布林带中轨或上轨进行拉升时及时跟进。

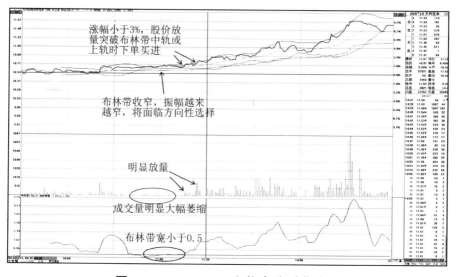

图 2-37　000710 天兴仪表分时曲线图

看图分析精要：如图 2-38 所示。

（1）002020 京西药业盘中 2 个买点都呈现小幅振荡，布林带收窄的特性，其布林带宽都小于 0.5，股价将面临方向性选择。

（2）其间成交量明显萎缩，浮筹清洗得很干净。

（3）盘中2个买点涨幅都小于5%，盘中明显放量突破布林带上轨时及时买进。

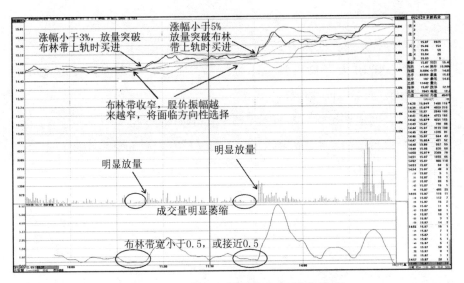

图2-38　002020京西药业分时曲线图

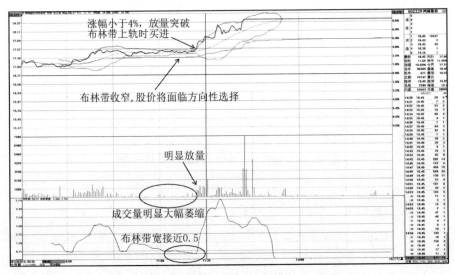

图2-39　002229鸿博股份分时曲线图

看图分析精要：如图 2-39 所示。

（1）002229 鸿博股份盘中小幅振荡，布林带收窄，布林带宽接近0.5，股价将面临方向性选择。

（2）其间成交量明显大幅萎缩，浮筹清洗得很干净。

（3）涨幅小于 4%，盘中明显放量突破布林带上轨时及时买进。

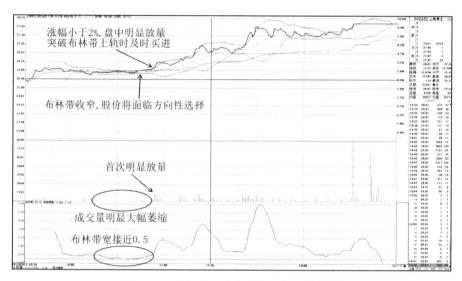

图 2-40　002252 上海莱士分时曲线图

看图分析精要：如图 2-40 所示。

（1）002252 上海莱士盘中窄幅振荡，布林带收窄，布林带宽接近0.5，股价将面临方向性选择。

（2）其间成交量明显大幅萎缩，浮筹清洗得很干净。

（3）涨幅小于 2%，盘中明显放量突破布林带上轨时及时买进。

看图分析精要：如图 2-41 所示。

（1）002608 舜天船舶盘中一直围绕着前一天收盘价窄幅振荡，布林带收窄，布林带宽接近 0.5，股价将面临方向性选择。

（2）其间成交量小幅萎缩，浮筹清洗得不甚理想，拉升时成交量虽能迅速放大，但盘中抛单始终不断，最终没能封涨停（看盘精要：浮筹清洗是否干净是决定盘中能否涨停的重要因素之一）。

（3）股价涨幅小于1%，盘中明显放量突破布林带上轨时及时买进。

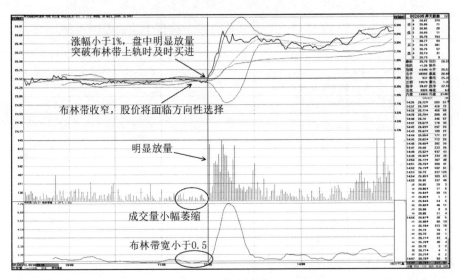

图 2-41　002608 舜天船舶分时曲线图

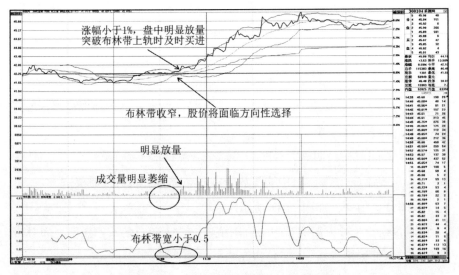

图 2-42　300104 乐视网分时曲线图

看图分析精要：如图 2-42 所示。

（1）300104 乐视网盘中小幅下跌后在前一天收盘价处窄幅振荡，布林带收窄，布林带宽小于 0.5，股价将面临方向性选择。

（2）其间成交量明显萎缩，浮筹清洗得比较干净。

（3）股价涨幅小于 1%，盘中明显放量突破布林带上轨时及时买进。

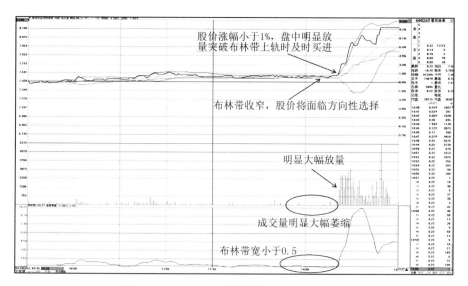

图 2-43　600265 景谷林业分时曲线图

看图分析精要：如图 2-43 所示。

（1）600265 景谷林业午盘后小幅振荡，振幅逐渐缩小，布林带收窄，布林带宽小于 0.5，股价将面临方向性选择。

（2）其间成交量明显大幅萎缩，浮筹清洗得很干净。

（3）股价涨幅小于 1%，盘中明显放量突破布林带上轨时及时买进。

第三章
利用形态捕捉盘中启动点

第一节　利用三角形技法和盘口特征捕捉盘中启动点

1. 解读三角形形态

"三角形"是图表中最常见的一种形态，其走势属于"整理形态"。

"三角形"整理形态可分为三种不同的形态：

（1）对称三角形形态；

（2）上升三角形形态；

（3）下降三角形形态。

本书所讲解的三角形技法以对称三角形为主。

（1）对称三角形的形态特征

价格在特定范围内波动形成，在其水平出现了徘徊争持的局面，每一次短期回升的高点都较上次为低，但与此同时，新的短期回落，其低点都比上次为高，而成交量在这期间呈现下降的倾向。

三角形是将图形上高点和低点分别以直线连接起来，画出一个上下相称的三角形状，而这两条线最终会相交于一点。

（2）对称三角形的应用

"对称三角形"是因为买卖双方的力量在该段价格区域内势均力敌，暂时达到平衡状态所形成。成交量在对称三角形成的过程中不断减少，正反映出多空力量对后市犹豫不决的观望态度，令市场暂时沉寂下来。

①一般情形下是属于"整理形态"，即经过"对称三角"的徘徊调整后，会继续原来的趋势移动。在上升或是下跌的过程中，都有可能出现这种形态。该形态也可说是一个"不明朗形态"，反映出投资者对后市感到迷惘，持观望态度。

②行情必须向其中一方明显突破后，才可以采取相应的买卖行动。如果往上突破阻力（必须得到大量成交量增加的配合），就是一个短期买入信号。反之若是往下跌破支撑（在低成交量之下跌破），便是一个短期卖出信号。

③"对称三角"的"最少升幅"量度方法是往上突破时，从形态的第一个上升高点开始画一条和底部平行的直线，可以预期至少会上升到这条线才会遇上阻力。至于上升的速度，将会以形态开始之前同样的角度上升。因此，从这量度方法可以估计到"最少升幅"的价格水平和所需的完成时间。形态的"最少跌幅"量度方法也是一样。

（3）注意事项

①一个"对称三角"的形成，必须要有明显的2个短期高点和短期低点出现。

②在"对称三角"形态完成之前，应该不断按照市场最新的变化把形态加以修订。例如：行情从3个低点回升，虽然轻微突破从高点连成的阻力线，但缺乏成交量的配合，又再回落在形态中。这时候就该放弃原有的连线，通过第一和第三个短期高点，重新修订出新的"对称三角形"。

③越接近三角形的尖端，未来突破的冲击力也就越小。在整个形态的二分之一至四分之三左右突破，所呈现的买卖信号最为强烈。

④"对称三角形"的突破，必须有成交量的配合方可确认。

⑤"对称三角形"突破后，可能会出现短暂的回调（或反抽），突破

后的回调止于高点相连而形成的支撑线，下跌后的反抽则阻于低点相连而
形成的阻力线。

2. 三角形技法及盘口特征

（1）股价呈三角形小幅振荡，盘中走势明显强于大盘，表明主力强烈
的拉升意图，股价将一触即发。

（2）三角形振荡期间价升量增，价跌量减，价量配合健康，在三角形
末端成交量明显萎缩，表明盘中浮筹清洗干净。

（3）个股涨幅小于5%，最好在涨幅2、3个点左右。

（4）当符合特征（1）、（2）、（3），并且股价于盘中首次明显放量突
破三角形上轨压力线时下单买进。

3. 案例精解

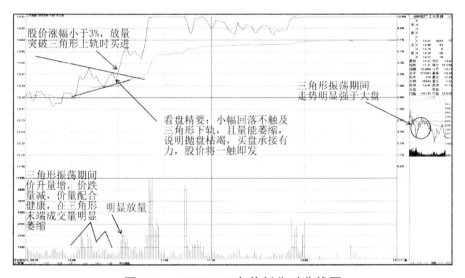

图 3-1　600857 工大首创分时曲线图

看图分析精要：如图 3-1 所示。

（1）600857 工大首创早盘小幅下探后，迅速拉起，在均价线之上呈等

腰三角形振荡，其间大盘数波下跌，其走势明显强于大盘。

（2）三角形振荡期间价升量增，价跌量减，价量配合健康，在三角形末端成交量明显萎缩。

（3）股价涨幅小于3%，盘中明显放量突破三角形上轨压力线时下单买进。

（4）看盘精要：在三角形末端股价小幅下探，但不触及三角形下轨线，特别是下探时的成交量相比振荡期间量能要明显萎缩，说明抛盘已枯竭，买盘承接积极，股价极易拉升。

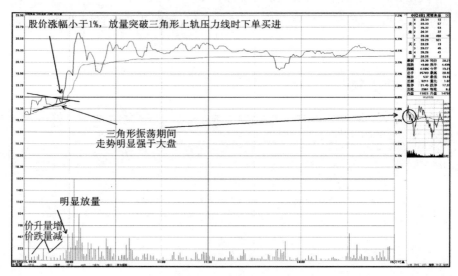

图 3-2　002481 双塔食品分时曲线图

看图分析精要：如图 3-2 所示。

（1）002481 双塔食品早盘在大盘逐级下探时逆市走出等腰三角形整理形态，其走势明显强于大盘。

（2）三角形振荡期间价升量增，价跌量减，价量配合健康，在三角形末端成交量明显萎缩，盘中浮筹较少。

（3）股价涨幅小于1%，盘中明显放量突破三角形上轨压力线时及时跟进。

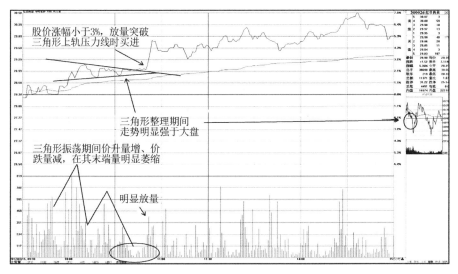

图 3-3　300026 红日药业分时曲线图

看图分析精要：如图 3-3 所示。

（1）300026 红日药业早盘在大盘下跌时逆市小幅振荡，当大盘反弹时放量拉起在均价线之上呈等腰三角形振荡蓄势，其走势明显强于大盘。

（2）三角形振荡期间价升量增、价跌量减，价量配合健康，在三角形末端成交量明显萎缩，盘中浮筹已清洗干净。

（3）股价涨幅小于 3%，盘中明显放量突破三角形上轨压力线时买进。

看图分析精要：如图 3-4 所示。

（1）300026 红日药业早盘在大盘下跌时逆市小幅振荡，当大盘反弹时放量拉起围绕均价线呈等腰三角形振荡蓄势，其走势明显强于大盘。

（2）三角形振荡期间价升量增，价跌量减，价量配合健康，在三角形末端成交量小幅萎缩，盘中承接有力。

（3）股价涨幅小于 1%，盘中明显放量突破三角形上轨压力线时及时跟进。

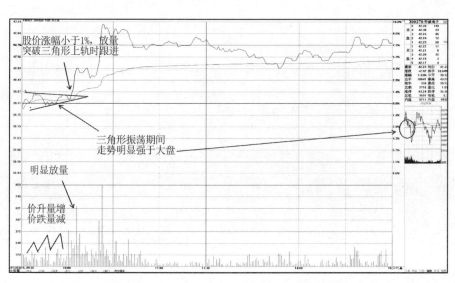

图 3-4　300026 红日药业分时曲线图

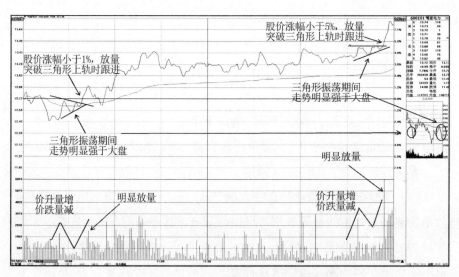

图 3-5　600101 明星电力分时曲线图

看图分析精要：如图 3-5 所示。

（1）600101 明星电力早盘随大势下跌后在前一天收盘价下围绕均价线呈等腰三角形蓄势振荡，其间大盘又遇急跌，但 600101 能抵抗住不跟跌，表现得比较强势，并于尾盘重演早盘的三角形抗跌形态，其走势明显强于大盘，表明主力强烈的拉升意图。

（2）2 个三角形振荡期间价升量增，价跌量减，价量配合健康，在三角形末端成交量明显萎缩。

（3）2 个进场时的涨幅都小 5%，盘中明显放量突破三角形上轨压力线时及时跟进。

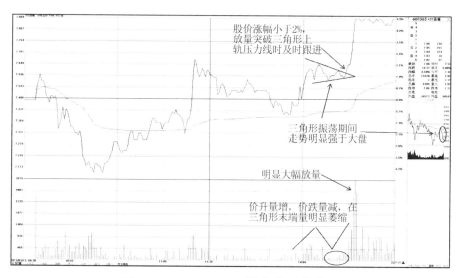

图 3-6　600365 ＊ST 通葡分时曲线图

看图分析精要：如图 3-6 所示。

（1）600365 ＊ST 通葡尾盘在大盘下跌时逆市呈等腰三角形振荡蓄势，其走势明显强于大盘。

（2）三角形振荡期间价升量增，价跌量减，价量配合健康，在三角形末端成交量明显大幅萎缩，表明盘中浮筹所剩无几，股价于尾盘涨停。

（3）股价涨幅小于2%，盘中明显放量突破三角形上轨压力线时及时跟进。

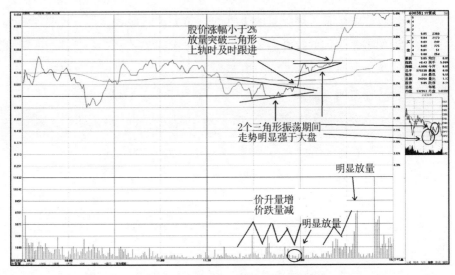

图 3-7　600381st 贤成分时曲线图

看图分析精要：如图 3-7 所示。

（1）600381st 贤成在午盘和尾盘各出现一个买点，其在大盘下跌时呈三角形逆市振荡蓄势，其走势明显强于大盘。

（2）2 个三角形振荡期间价升量增、价跌量减，价量配合健康，在三角形末端成交量明显萎缩，表明盘中浮筹较少。

（3）2 个买点股价涨幅都小于 2%，盘中明显放量突破三角形上轨压力线时及时跟进。

看图分析精要：如图 3-8 所示。

（1）600573 惠泉啤酒临近午盘时并不跟随大盘跳水（大盘在盘中做双顶反弹后的急跌），呈三角形逆市振荡蓄势，其走势明显强于大盘。

（2）三角形振荡期间价升量增、价跌量减，价量配合健康，在三角形末端成交量明显大幅萎缩，表明盘中浮筹极少，突破时成交量有效放大，最终涨停。

（3）股价涨幅小于3%，盘中明显放量突破三角形上轨压力线时及时跟进。

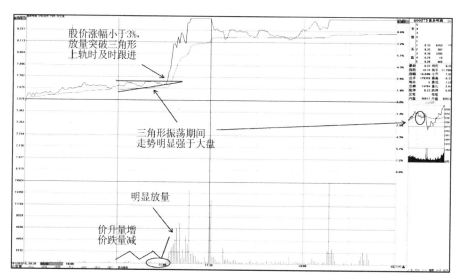

图 3-8　600573 惠泉啤酒分时曲线图

第二节　利用楔形技法和盘口特征捕捉盘中启动点

1．解读楔形形态

"楔形"也称倾斜三角形，是图表中较常见的一种形态，其走势属于"整理形态"。

"楔形"整理形态可分为两种不同的形态：

（1）上升楔形形态；

（2）下降楔形形态。

本书所讲解的楔形技法包含这两种形态。

（1）楔形形态的特征：

所谓"楔形"，一般是由两条同向倾斜、相互收敛的直线组成，分别构成股价变动的上限和下限，其中上限与下限的交点称为端点。楔形形态属于短期调整形态，通常分为上升楔形和下降楔形。楔形的与众不同之处是它明显倾斜。

（2）楔形形态的应用：

股价经过一段时间上升后，出现了获利回吐，新的回落浪较上一个回落浪波幅为小，说明抛售压力正在减弱，抛压的力量只是来自上升途中的获利回吐，并没有出现新的主动做空力量的进场，所以，经过清洗浮筹后价格向上突破的概率很大。

在具体应用中，需要密切关注成交量、时间等诸多因素。通常楔形形态内的成交量是由左向右递减的，且萎缩较快。同样，楔形整理的时间一般在其形态波动 5~8 个来回内，来回次数过多的话，形态力道将消失，也可能造成股价反转的格局。究其具体操作而言，楔形在跌破下限支撑后，经常会出现急跌，因此当其下限跌破后，就发出卖出讯号。而当楔形向上突破阻力后，成交亦随之增加。这种情形的出现，我们则可等股价打破徘徊局面后适当跟进。所以，从技术分析意义上讲，楔形代表了一种逐渐转变的形势。

楔形经常出现于急速上升或下降的行情中途，在急速的直线上升中，成交量逐渐增加，最后达到一个短期最高纪录，早先持有股票者，已获利卖出，上升趋势亦遇到大的阻力，股价开始小幅下跌，形成楔形。不过大部分投资者对后市依然充满信心，所以回落的速度不快，幅度也十分轻微，成交量不断减少，反映出市场的抛售力量在回落中不断地减轻。经过一段时间整理，到了楔形末端股价突然上升，成交量亦大增，而且几乎形成一条直线。由以上可见，楔形的整理形态性质，即形态完成后股价将继续原来的趋势方向移动。

（3）注意事项

①一个楔形的形成，必须要有明显的两个短期高点和短期低点出现。

②楔形（无论上升楔形抑是下降楔形）上下两条线必须明显地收敛于一点，如果形态太过宽松，形成的可能性就该怀疑，一般来说，楔形需要在形态内 4 个以上的高低点才可完成。

③越接近楔形的尖端，未来突破的冲击力也就越小。在整个形态的二分之一至四分之三左右突破，所呈现的买卖信号最为强烈。

④楔形的突破，必须有成交量的配合方可确认。

⑤楔形突破后，可能会出现短暂的回调（或反抽），突破后的回调止于高点相连而形成的支撑线，下跌后的反抽则阻于低点相连而形成的阻

力线。

2. 楔形技法及盘口特征

（1）股价呈楔形窄幅振荡，盘中走势对应大盘表现出明显的强势，表明主力强烈的拉升意图，股价将一触即发。

（2）楔形振荡期间价升量增，价跌量减，价量配合健康，在楔形末端成交量明显萎缩，表明盘中浮筹清洗干净。

（3）个股涨幅小于5%，最好在涨幅2、3个点左右。

（4）当符合特征（1）、（2）、（3），并且股价于盘中首次明显放量突破楔形上轨压力线时下单买进。

3. 案例精解

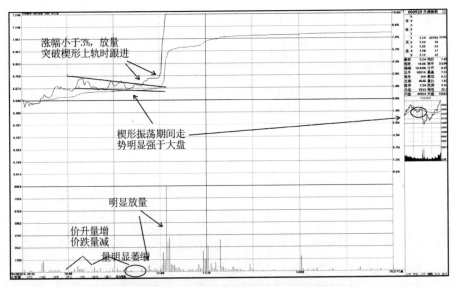

图3-9　000929 兰州黄河分时曲线图

看图分析精要：如图3-9所示。

（1）000929 兰州黄河早盘在大盘做双头后快速下跌时能抵抗住不跌，并呈楔形窄幅振荡，其走势明显强于大盘。

（2）楔形振荡期间价升量增、价跌量减，价量配合健康，在三角形末端成交量明显大幅萎缩，表明盘中浮筹极少，突破时成交量有效放大，只用一波即拉到涨停。

（3）股价涨幅小于3%，盘中明显放量突破楔形上轨压力线时及时跟进。

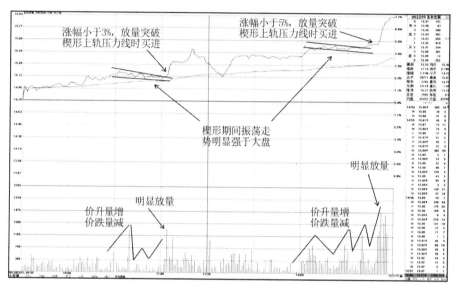

图 3-10 002299 圣龙发展分时曲线图

看图分析精要：如图 3-10 所示。

（1）002299 圣龙发展于早盘和尾盘各出现一个标准买点，在呈楔形窄幅振荡时对应大盘表现出明显的强势。

（2）楔形振荡期间价升量增、价跌量减，价量配合健康，在三角形末端成交量明显大幅萎缩，表明盘中浮筹清洗干净，股价一触即发。

（3）股价涨幅都小于5%，盘中明显放量突破楔形上轨压力线时及时跟进。

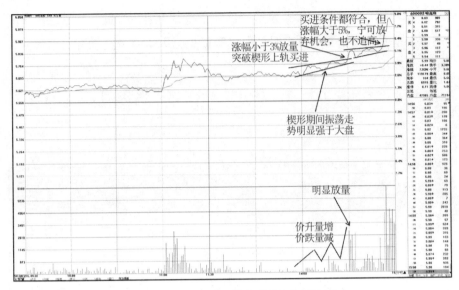

图 3-11　600095 哈高科分时曲线图

看图分析精要：如图 3-11 所示。

（1）600095 哈高科在尾盘呈楔形窄幅振荡，对应大盘明显抗跌，其走势强于大盘。

（2）楔形振荡期间价升量增、价跌量减，价量配合健康，在楔形末端成交量明显大幅萎缩，表明盘中浮筹清洗干净，股价一触即发。

（3）股价涨幅小于 3%，盘中明显放量突破楔形上轨压力线时及时跟进。

（4）临近收盘时 600095 哈高科又出现一标准的买点，其间价量配合非常理想，但当时涨幅已超过 5%，有追高之嫌，因笔者在日常操盘中经常遇到盘中浮盈经历隔夜之后，第二天低开低走利润锐减，甚至利润全无反至浮亏，故制定一条铁律：凡盘中涨幅超过 5%，一律放弃不做，即使当天涨停也不后悔，宁可放弃机会也绝不让风险超出控制。市场风险是无限大的，机会也是无限多的，而我们的本金却是有限的，哪怕你拥有数亿相对于市场也是有限的，所以，绝不可用有限的本金去和市场无限大的风险去对抗,那样吃亏的总是我们自己,这也是笔者近6年(共有14年投资经历)投资中无一年亏损的重要原因,包括2008年大熊市(当年盈利30%),但读者朋友们也不可过于教条拘泥于5%,可根据当时大盘状态好坏适当放宽,总之一个原则:永远风险第一,赚钱第二,方可长久生存。只有先存活下来,才能再谈赚钱。

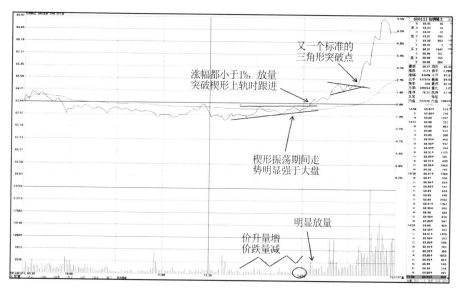

图 3-12　600111 包钢稀土分时曲线图

看图分析精要:如图3-12所示。

(1)600111包钢稀土在午盘后呈楔形窄幅振荡,对应大盘明显抗跌,其走势强于大盘。

(2)楔形振荡期间价升量增,价跌量减,价量配合健康,在楔形末端成交量明显大幅萎缩,表明盘中浮筹清洗干净,股价一触即发。

(3)股价涨幅小于1%,盘中明显放量突破楔形上轨压力线时及时跟进。

(4)600111包钢稀土临近尾盘时走出标准等腰三角形,期间走势明显强于大盘，成交量小幅萎缩，买盘承接有力，突破三角形上轨压力进入拉升后几乎涨停，只要我们细心观察，耐心捕捉，盘中的机会还是蛮多的。

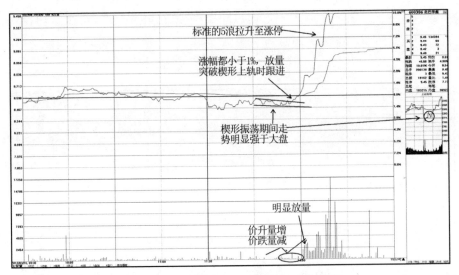

图 3-13　600386 北巴传媒分时曲线图

看图分析精要：如图 3-13 所示。

（1）600386 北巴传媒在午盘后潜伏于前一天收盘价下呈楔形窄幅振荡，对应大盘明显抗跌，其走势强于大盘。

（2）楔形振荡期间价升量增、价跌量减，价量配合健康，在三角形末端成交量明显大幅萎缩，表明盘中浮筹清洗干净，股价一触即发。

（3）股价涨幅小于 1%，盘中明显放量突破楔形上轨压力线时及时跟进。

（4）600386 北巴传媒启动后走出标准的 5 浪拉升形态并封于涨停，这里给读者朋友们留下一个问题：600386 为什么可以启动后一气呵成封于涨停？通过对本书前面的学习，大家可以找出几个原因来回答上面的问题，请细心观察，认真思考。

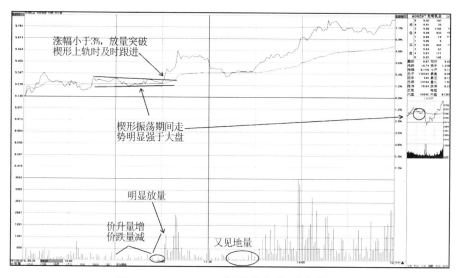

图 3-14 600597 光明乳业分时曲线图

看图分析精要：如图 3-14 所示。

（1）600597 光明乳业在早盘呈楔形窄幅振荡，对应大盘双顶后的下跌，其走势明显强于大盘。

（2）楔形振荡期间价升量增，价跌量减，价量配合健康，在三角形末端成交量明显大幅萎缩，表明盘中浮筹清洗得很理想，以减轻拉升途中的抛盘压力。

（3）股价涨幅小于 3%，盘中明显放量突破楔形上轨压力线时及时跟进。

看图分析精要：如图 3-15 所示。

（1）600790 轻纺城在早盘连续出现 2 个标准买点时都呈楔形窄幅振荡，对应大盘下跌走势，要明显强于大盘。

（2）楔形振荡期间价升量增、价跌量减，价量配合健康，在三角形末端成交量明显大幅萎缩，表明盘中浮筹所剩无几，股价将一触即发。

（3）2 个买点股价涨幅都小于 5%，盘中明显放量突破楔形上轨压力线时及时跟进。

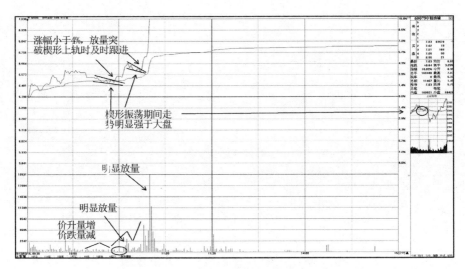

图 3-15　600790 轻纺城分时曲线图

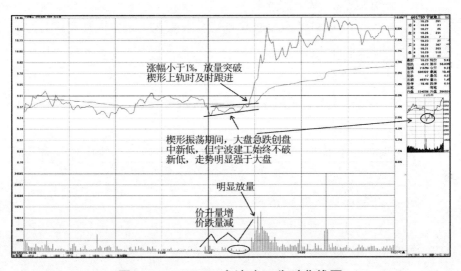

图 3-16　601789 宁波建工分时曲线图

看图分析精要：如图 3-16 所示。

（1）601789 宁波建工在下午开市不久后遇大盘急跌时，呈楔形窄幅振荡，能抵抗住不跌，其走势明显强于大盘。

（2）楔形振荡期间价升量增，价跌量减，价量配合健康，在三角形末端成交量明显大幅萎缩，表明盘中浮筹所剩无几，股价将一触即发。

（3）股价涨幅小于1%，盘中明显放量突破楔形上轨压力线时及时跟进。

第三节　利用矩形技法和盘口特征捕捉盘中启动点

1. 解读矩形形态

矩形又叫箱形整理形态，是股市中最典型、最常见的整理形态之一，矩形一般是出现在股价上升或下降中途的一种整理形态。

矩形整理形态只有一种，其区别只不过是形态内振荡幅度大小不同而已。本书所讲解的矩形技法是指小幅振荡的矩形形态。

（1）矩形形态的特征

"矩形"是股价由一连串在两条水平的上下界线之间变动而成的形态，股价在其范围之内上升或回落。价格上升到某水平时遇上阻力，掉头回落，但很快地便获得支持而上升，可是回升到上次同一高点时再一次受阻，而挫落到上次低点时再得到支持。这些短期高点和低点分别以直线连接起来，便可以绘出一条通道，这通道既非上倾，亦非下降，而是平行发展，这就是矩形形态。矩形上边高点的连线为矩形整理的压力线，下边低点的连线为矩形整理的支撑线。如果原来的趋势是上升的，那么经过一段时间的矩形整理，将会继续保持原来的运行趋势，多方会占优势并拥有主动权，使价格向上突破矩形整理的上限。如果原来的趋势是向下的，空方会采取行动，突破矩形的下限。矩形走势开始形成时，表示买卖双方全力交战，在多空主力的角斗中，双方互不相让，股价一直在某一特定的价格区域内徘徊。当股价上涨到这一价区的上限时就会有强劲的卖压出现，在顶部区域形成一条压力线；当股价下跌至下限时，又有强劲的买盘出现，使股价上升，在底部区域形成一条支撑线。

（2）矩形形态的应用

在价格突破矩形区域之前，我们并不知道后市的发展如何，价格有可能延续原来的趋势，也有可能与原来趋势相反。因此，一般情况下运用矩形整理，我们建议采用突破法，只有价格突破矩形区域我们才跟进。

在实战应用中，还要密切关注成交量、时间的变化。通常矩形形态内的成交量是由左向右递减的，且萎缩较明显。同样，矩形整理的时间一般较其他整理形态要长。在上升趋势中，当股价向上突破矩形形态上边的压力线，形成有效向上突破后，通常意味着市场上一条重要的压力线被突破，大量新的买盘将进场，股价将开始一轮新的上涨行情，这时投资者应持股待涨或逢突破买进；在下降趋势中，当股价向下跌破矩形形态下边的支撑线，形成有效向下突破后，通常意味着市场上一条重要的支撑线被突破，大量卖盘将涌出，股价将开始一轮新的下跌行情，这时投资者应持币观望或尽快抛出股票。

（3）注意事项

①一个"矩形"的形成，必须要有明显的两个短期高点和短期低点出现。

②与其他形态不同的是，矩形整理形态是短线投资者最喜欢的一种形态。当矩形形态初步形成后，投资者可利用矩形形态下有支撑线、上有压力线的特点，在矩形的下界线附近买入，在矩形上界线附近抛出，来回做短线操作。但是，在做这种短线操作时要注意两点：一是矩形的上下界线相距要较远，二是一旦矩形形成有效突破则需要审慎决策，即在上升趋势

中，矩形带量向上突破盘局时，则要坚决捂股待涨；而在下降趋势中，矩形向下突破时，则要尽快止损离场。

③矩形形态在大多数场合中是以整理形态出现的，但在有些情况下，矩形也可以作为反转形态出现，这需要投资者区别对待。当矩形是整理形态时，矩形有效突破后，股价会按照原有的趋势运行；当矩形是反转形态时，矩形有效突破后，股价会按照相反的趋势运行。

④矩形的突破，必须有成交量的配合方可确认。

⑤矩形突破后，可能会出现短暂的回调（或反抽），突破后的回调止于高点相连而形成的支撑线，下跌后的反抽则阻于低点相连而形成的阻力线。

2. 矩形技法及盘口特征

（1）股价呈矩形长时间大幅或窄幅振荡，其振荡期间走势完全独立于大盘，说明主力控盘较深，股价将走出独立行情。

（2）楔形振荡期间价升量增，价跌量减，价量配合健康，在拉升前成交量明显大幅萎缩，表明盘中浮动筹码较少。

（3）个股涨幅小于5%，最好在涨幅2、3个点左右。

（4）当符合特征（1）、（2）、（3），并且股价于盘中首次明显放量突破矩形上轨压力线时下单买进。

3. 案例精解

看图分析精要：如图3-17所示。

（1）000662索芙特在整个上午都呈矩形长时间窄幅振荡，其走势明显独立于大盘。

（2）矩形振荡期间价升量增、价跌量减，价量配合健康，在拉升前成交量明显大幅萎缩，表明盘中浮筹所剩无几，股价将一触即发。

（3）股价涨幅小于1%，盘中明显放量突破矩形上轨压力线时及时跟进。

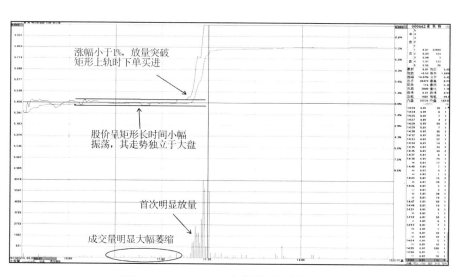

图 3-17 000662 索芙特分时曲线图

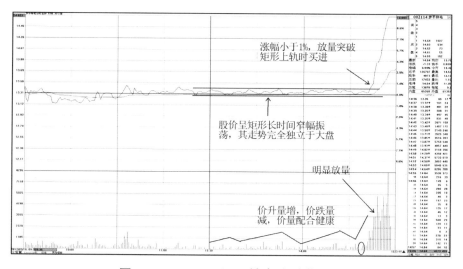

图 3-18 002114 罗平锌电分时曲线图

看图分析精要：如图 3-18 所示。

（1）002114 罗平锌电在早盘不规则振荡，于下午开盘后直到尾市临收

125

盘前都呈矩形长时间窄幅振荡，其走势明显独立于大盘。

（2）矩形振荡期间价升量增，价跌量减，价量配合健康，在拉升前成交量明显大幅萎缩，表明盘中浮筹清洗得很理想，为尾盘的拉升扫清了障碍。

（3）股价涨幅小于1%，盘中明显放量突破矩形上轨压力线时及时跟进。

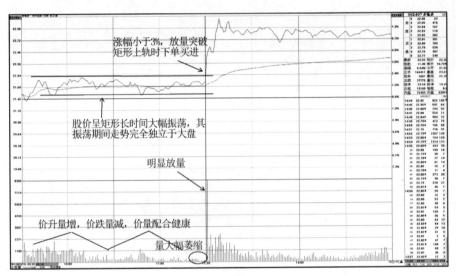

图 3-19　002407 多氟多分时曲线图

看图分析精要：如图 3-19 所示。

（1）002407 多氟多在早盘呈矩形长时间宽幅振荡，其走势明显独立于大盘。

（2）矩形振荡期间价升量增，价跌量减，价量配合健康，在拉升前成交量明显大幅萎缩，表明盘中浮筹已清洗干净。

（3）股价涨幅小于3%，盘中明显放量突破矩形上轨压力线时及时跟进。

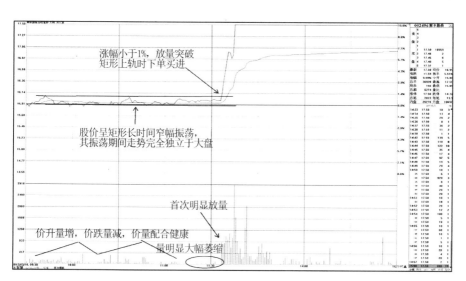

图 3-20　002496 辉丰股份分时曲线图

看图分析精要：如图 3-20 所示。

（1）002496 辉丰股份在整个早盘都呈矩形长时间小幅振荡，其走势明显独立于大盘。

（2）矩形振荡期间价升量增，价跌量减，价量配合健康，在拉升前成交量明显大幅萎缩，表明盘中浮筹已清洗干净，主力可轻松拉至涨停。

（3）股价涨幅小于 1%，盘中明显放量突破矩形上轨压力线时及时跟进，主力拉升手法相当凶悍，下单速度要快，以确保成交。

看图分析精要：如图 3-21 所示。

（1）002579 中京电子在整个交易日都呈矩形长时间小幅振荡，其走势明显独立于大盘。

（2）矩形振荡期间价升量增，价跌量减，价量配合健康，在拉升前成交量明显大幅萎缩，表明盘中浮筹已清洗干净，主力随时可能拉升。

（3）股价涨幅小于 2%，尾盘明显放量突破矩形上轨压力线时及时跟进。

（4）压力与支撑互转原则：当压力线被有效突破后转换成支撑线，支撑线被有效跌破后转换成压力线，如图 3-21 所示，图中矩形上轨压力线被有效突破后转换为新的矩形的支撑线，当股价回落到该支撑位时可逢低买进。

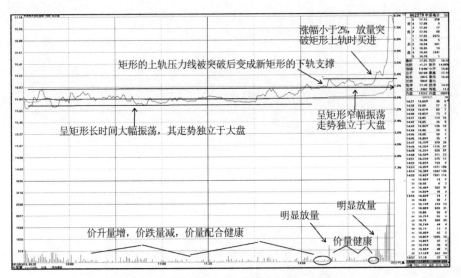

图 3-21　002579 中京电子分时曲线图

看图分析精要：如图 3-22 所示。

（1）600297 美罗药业在早盘呈矩形长时间小幅振荡，其走势明显独立于大盘。

（2）矩形振荡期间价升量增，价跌量减，价量配合健康，在拉升前成交量明显大幅萎缩，表明盘中浮筹已清洗干净，我们可填好买单价格，买进数量，看见放量大单即可点击确认键买进。

（3）股价涨幅小于2%，盘中明显放量突破矩形上轨压力线时及时买进，当其回抽矩形上轨支撑线（压力支撑互转原理）时继续买进，当再次放量突破时加仓买进。

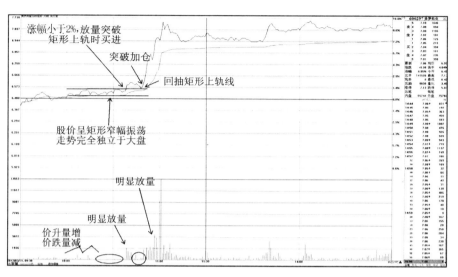

图 3-22 600297 美罗药业分时曲线图

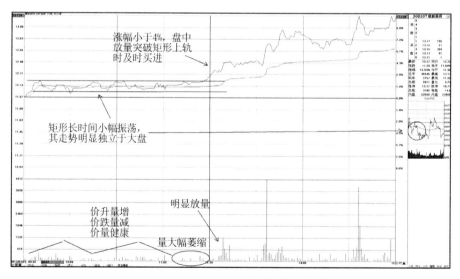

图 3-23 300107 建新股份分时曲线图

看图分析精要：如图 3-23 所示。

（1）300107 建新股份在早盘一直呈矩形长时间小幅振荡，其间大盘两波下跌，而建新股份我行我素，不为所动，其走势明显独立于大盘。

（2）矩形振荡期间价升量增，价跌量减，价量配合健康，在拉升前成交量明显大幅萎缩，表明盘中浮筹已清洗得较为理想。

（3）股价涨幅小于 4%，盘中突破矩形上轨压力线时量没放出来，当再次明显放量时及时买进。

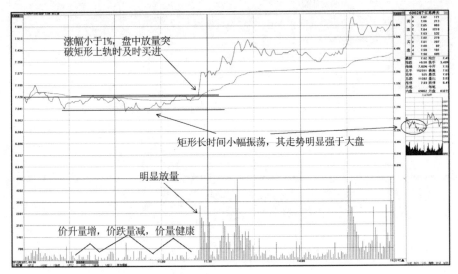

图 3-24　600287 江苏舜天分时曲线图

看图分析精要：如图 3-24 所示。

（1）600287 江苏舜天在早盘小幅下跌后潜伏于前一天收盘价下，并围绕均价线呈矩形长时间小幅振荡，其间大盘两波下跌，连创新低，而江苏舜天振荡抗跌，其走势明显强于大盘。

（2）矩形振荡期间价升量增，价跌量减，价量配合健康，在拉升前成交量明显大幅萎缩，表明盘中浮筹已得到清洗。

（3）股价涨幅小于 1%，盘中明显放量突破矩形上轨压力线时及时买进。

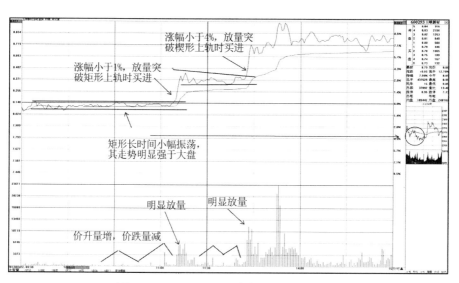

图 3-25　600293 三峡新材分时曲线图

看图分析精要：如图 3-25 所示。

（1）600293 三峡新材早盘低开后潜伏于前一天收盘价下，并围绕均价线呈矩形长时间小幅振荡，其间大盘振荡下跌，连创新低，江苏舜天不为所动，其走势明显独立于大盘。

（2）矩形振荡期间价升量增，价跌量减，价量配合健康，在拉升前成交量明显大幅萎缩，表明盘中浮筹已清洗得非常干净。

（3）股价涨幅小于 1%，盘中明显放量突破矩形上轨压力线时及时买进。

（4）午盘时在主力启动拉升前又形成一楔形振荡蓄势形态，当再次放量突破楔形上轨压力线时可加仓买进。

看图分析精要：如图 3-26 所示。

（1）000523 广州浪奇整个早盘都呈矩形长时间小幅振荡，其间无视大盘涨跌，其走势明显独立于大盘。

（2）矩形振荡期间价升量增，价跌量减，价量配合健康，在拉升前成交量明显大幅萎缩，表明盘中浮筹已清洗完毕，主力将伺机拉升。

（3）股价涨幅小于1%，盘中明显放量突破矩形上轨压力线时及时买进。

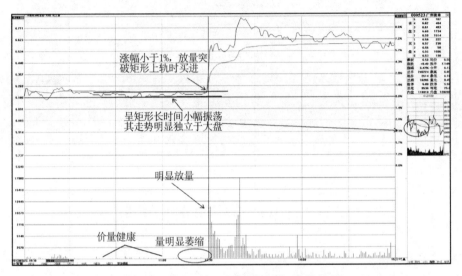

涨幅小于1%，放量突破矩形上轨时买进

呈矩形长时间小幅振荡其走势明显独立于大盘

明显放量

价量健康

量明显萎缩

图 3-26　000523 广州浪奇分时曲线图

第四节　利用双底技法和盘口特征捕捉盘中启动点

1. 解读双底形态

双底也就是我们常说的双重底，这种技术形态往往被投资者认为是底部形态的重要标志。它是形态学中一个重要的形态，其走势外观如英文字母"W"。双底形态属于一种中期底部形态，一般发生于股价波段跌势的末期，不会出现在行情趋势的中途，一段空头下跌市场，必然会以一段下跌行情底部与其相对应，在日线图上一个双底所酝酿的时间，有其最少的周期规则，而在分时曲线图上其对时间的要求要小于日线级别周期。

本书所讲解的双底技法是指在分时曲线上的小型双底形态。

（1）双底形态的特征

"双底"是指股票持续下跌到某一点位后出现技术性反弹，但回升幅度不大，时间亦不长，股价又再次下跌，当跌至上次低点时却获得支持，再一次回升，这次回升时成交量要大于前次反弹时的成交量，第一个低点与第二个低点之间，两者至少必须距离15个左右单位时间，第一个低点的成交量比较大，触底回升时的成交量也颇多，然而，第二个低点的成交量却异常萎缩，并且，第二个低点通常较上一低点稍高，说明买方的承接力和主动性都较为积极。

双底走势的情形与双顶相反。股价持续的下跌使得持股的投资者觉得价格太低而惜售，而另一些投资者则因为新低价的吸引尝试买入，于是股价呈现回升，当上升至某水平时，较早时短线投机买入者获利回吐，那些在下跌中持股投资人亦趁回升时卖出，因此股价又再一次下挫。但对后市充满信心的投资者觉得他们错过了上次低点买入的良机，所以这次股价回落到上次低点时便立即跟进，当愈来愈多的投资者买入时，求多供少的力量便推动股价扬升，而且还突破上次回升的高点（即颈线），扭转了过去下跌的趋势。

（2）双底形态的应用

一个完整的双底包括两次探底的全过程，也反映出买卖双方力量的消长变化。在市场上实际走势当中，形成多重底的机会较少一些，反而形成双底的机会较多。因为市场参与者们往往难以忍耐股价多次探底，当股价从高水平回落，到某个位置自然而然地发生反弹之后，这个低点就成了一个有用的参考点。市场上许多人都立即将股价是否再次跌破此点当成一个重要入市标准，在股价第二次回落而无法创新低的时候，投资者大多开始补仓介入了。这时候应该仔细观察盘面，看看接近上次低点之后抛压情况如何。最佳的双底应该是这样的，即股价第二次下探时成交量迅速萎缩，显示出无法下跌或者说没有人肯抛的局面，事情发展到这个阶段，双底形态可以说成功一半；另一半决定于有没有新的买入力量愿意在这个价位上接货，即有没有主动性买盘介入。一般来讲，股价跌无可跌时总有人去抄底，但有没有人愿意出稍高的价钱就不一定了。如果股价二次探底之时抛压减轻，但仍然无人肯接货，那么这个双底形态可能会出问题，股价在悄无声息中慢慢跌破上次低点，这样探底就失败了。只有当二次探底时抛压极轻，成交萎缩之后，又有人愿意出高价介入该股，二次探底才能成功。

在这种主动性买盘的推动下，股价开始上升，并以比第一次反弹更大的成交量向上突破，这个双底形态才算成功。看盘高手会在股价第二次探底的时候就发现这是否是一个成功的双底，并立即做出买卖决定，但是笔者建议大家等到双底确认完成之后，即向上突破之后再介入该股，这样风险小得多。

（3）注意事项

①底部两个低点的相隔周期，至少 15 个时间单位以上。

②双底的两个最低点不一定在同一水平上，二者相差稍许是可以接受的。

③股价在突破颈线位时，必须以大成交量向上突破才有效，如突破颈线时成交量太小，则继续横盘振荡的概率较大。

④股价在突破颈线后，颈线从压力变成支撑。同时股价会出现回抽过程，从而测试支撑的力度与突破的有效性，这也是短中线介入的最好时机。如果颈线支撑失败，则应持币观望。

⑤回抽完成后，双底将完成其量度升幅，即从突破点算起，加上颈线至低点的垂直价差。一般来说，双底的上升幅度都比量度出来的最少幅度大。

2. 双底技法及盘口特征

（1）股价振荡下跌后呈双底形态夯实底部，其双底形态的低点明显高于盘中最低价，显示有资金主动护盘，主力将伺机拉升。

（2）双底形态期间成交量明显萎缩，表明盘中浮动筹码较少。

（3）个股涨幅小于 5%，最好在涨幅 2、3 个点左右。

（4）当符合特征（1）、（2）、（3），并且股价于盘中首次明显放量突破双底形态颈线位时下单买进。

3. 案例精解

看图分析精要：如图 3-27 所示。

（1）002483 润邦股份早盘小幅冲高后回落至均价线下做双底振荡，其低点明显高于盘中最低点，显示有资金主动护盘。

（2）双底振荡期间成交量明显萎缩，表明盘中浮筹得到了清洗，主力将伺机拉升。

（3）股价涨幅小于 2%，盘中明显放量突破双底颈线位时及时买进。

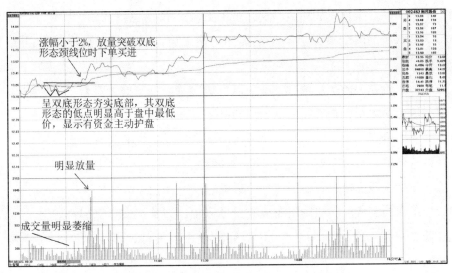

图 3-27　002483 润邦股份分时曲线图

看图分析精要：如图 3-28 所示。

（1）300146 汤臣倍健早盘高开高走小幅拉高后，其回落低点明显高于开盘价（当时的盘中最低点），并围绕均价线做双底形态振荡，显示有资金主动护盘。

（2）双底振荡期间成交量明显萎缩，表明盘中浮筹得到了清洗，主力将伺机而动。

（3）股价涨幅小于 4%，盘中明显放量突破双底颈线位时及时买进。

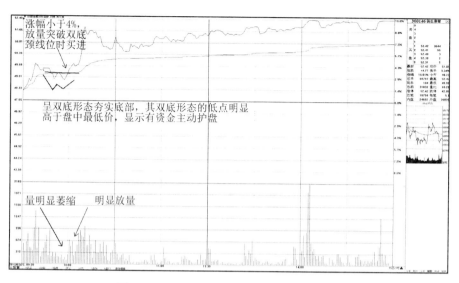

图 3-28　300146 汤臣倍健分时曲线图

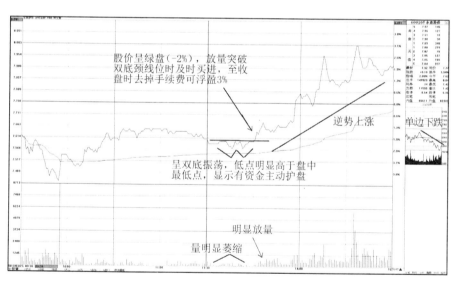

图 3-29　600105 永鼎股份分时曲线图

看图分析精要：如图 3-29 所示。

（1）600105 永鼎股份早盘跟随大盘低开振荡，随波逐流，下午开盘后当大盘在前低点振荡欲下，欲创新低时，永鼎股份却做双底振荡，其低点明显高于盘中最低点，显示明显有资金在此价位护盘。

（2）双底振荡期间成交量明显萎缩，表明此时盘中抛盘已枯竭，主力将要拉升。

（3）股价呈绿盘下跌-2%，盘中明显放量突破双底颈线位时及时买进，其后逆大盘上涨，收盘后去掉交易费用当天账上浮盈3%（当天大盘下跌26点，跌幅-1.1%）。

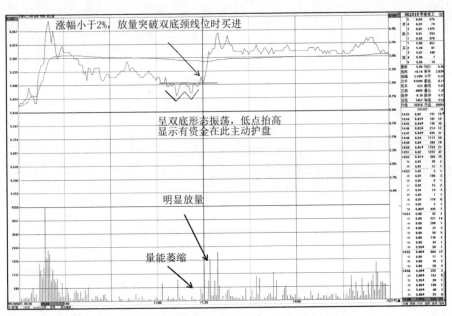

图 3-30　002018 华星化工分时曲线图

看图分析精要：如图 3-30 所示。

（1）002018 华星化工午盘跟随大盘振荡下跌，大盘跌破前低点，创下新低时，华星化工却做双底振荡，其低点明显高于盘中最低点，显示明显有资金在此价位护盘。

（2）双底振荡期间成交量明显萎缩，表明此时盘中抛盘已枯竭，主力随时可以拉升。

（3）股价涨幅小于2%，盘中明显放量突破双底颈线位时及时买进。

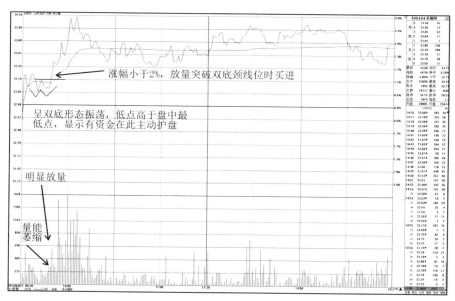

图 3-31 300104 乐视网分时曲线图

看图分析精要：如图 3-31 所示。

（1）300104 乐视网早盘低开后迅速走高，随后下跌做双底振荡，但其低点明显高于盘中最低点，显示明显有资金在此价位主动护盘。

（2）双底振荡期间成交量小幅萎缩，表明此时盘中成交活跃，抛盘逐渐减少，主力可乘机拉升。

（3）股价涨幅小于2%，盘中明显放量突破双底颈线位时及时买进。

（4）尾盘受大盘跳水影响而下跌，临收盘前顽强上拉涨至 2.86%，账面浮盈 1%，在 T+1 的规则下只要买点正确，即使遇到大盘下跌，一般情况下也很难亏损。如图 3-32 所示。

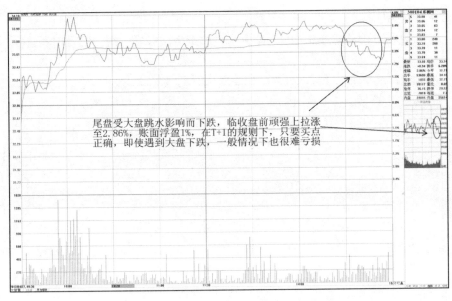

尾盘受大盘跳水影响而下跌，临收盘前顽强上拉涨
至2.86%，账面浮盈1%，在T+1的规则下，只要买点
正确，即使遇到大盘下跌，一般情况下也很难亏损

图 3-32　300104 乐视网分时曲线图

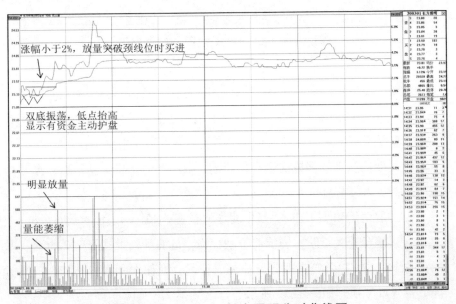

涨幅小于2%，放量突破颈线位时买进

双底振荡，低点抬高
显示有资金主动护盘

明显放量

量能萎缩

如图 3-33　300301 长方照明分时曲线图

看图分析精要：如图 3-33 所示。

（1）300301 长方照明早盘低开后迅速走高，随后下跌做双底振荡，但其低点明显高于盘中最低点，显示明显有资金在此价位主动护盘。

（2）双底振荡期间成交量明显萎缩，表明此时盘中抛盘逐渐减少，主力将伺机拉升。

（3）股价涨幅小于 2%，盘中明显放量突破双底颈线位时及时下单买进。

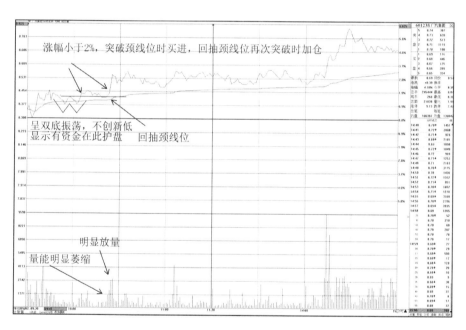

如图 3-34　601238 广汽集团分时曲线图

看图分析精要：如图 3-34 所示。

（1）601238 广汽集团早盘小幅冲高回落后做双底振荡，但其低点明显高于盘中最低点，显示明显有资金在此价位主动护盘。

（2）双底振荡期间成交量明显萎缩，表明此时盘中抛盘逐渐减少，主力将伺机拉升。

（3）股价涨幅小于2%，盘中明显放量突破双底颈线位时及时下单买进，在回抽颈线位后再次突破时可加仓买进。

第四章
盘口信息的综合分析

第一节　主力盘口运作特征（一）

1. 高价区盘口特征

当股价升幅已大且处于高价区时，盘中如果出现下托板，但走势却是量增价滞，此时要留神主力是否在诱多出货；如果此时下托板较多且上涨无量时，则往往预示顶部即将出现，股价将要下跌，如图4-1所示。

2. 低价区盘口特征

当股价跌幅已大且处于低价区时，盘中如果出现上压板，但走势却是量增价滞，此时要留神主力是否在诱空吸筹；如果此时上压板较多且下跌无量时，则往往预示底部即将出现，股价将要上涨，如图4-2、图4-3、图4-4、图4-5所示。

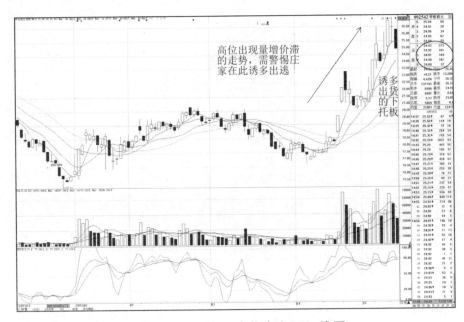

高位出现量增价滞的走势，需警惕庄家在此诱多出逃

诱出多货下的托板

如图 4-1　002542 中化岩土日 K 线图

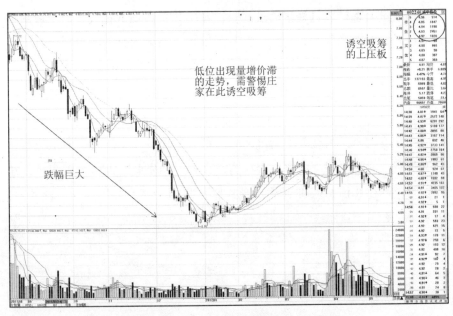

低位出现量增价滞的走势，需警惕庄家在此诱空吸筹

诱空吸筹的上压板

跌幅巨大

如图 4-2　002240 威华股份日 K 线图

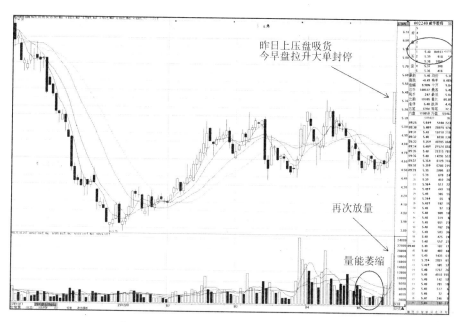

昨日上压盘吸货
今早盘拉升大单封停

再次放量

量能萎缩

如图4-3 002240 威华股份日K线图

巨量封涨停

早盘小幅高开后，于9：31几笔大单一波拉升
打至涨停，结合昨天压盘吸筹和K线走势形态
分析，目前已进入主力吸筹末期，将启动拉升，
其拉升速度将非常快，不会给市场跟进的机会

如图4-4 002240 威华股份分时曲线图

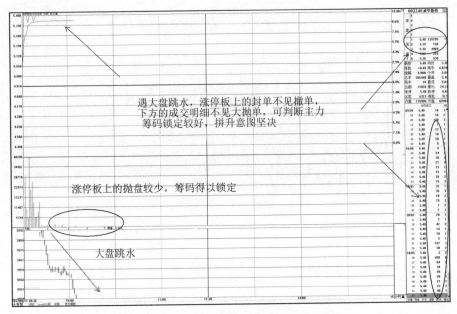

如图 4-5　002240 威华股份分时曲线图

大单相对挂单较少且并不因此成交量有大幅变动，一般多为主力对敲所致。成交稀少的挂单意义较为明显，此时应处于主力吸货末期，在进行最后打压吸货。大单相对挂单较多且成交量有大幅变动，是主力积极活动的征兆。如果涨跌幅相对温和，一般多为主力逐步增减仓所致。

3. 上涨的盘口特征

在涨势中常有大单从天而降，将卖盘挂单连续悉数吞噬，俗称"扫盘"。在股价刚刚形成多头排列且涨势初起之际，如果发现有大单一下子连续地横扫了多档卖盘时，则预示主力正在大举进场建仓，是投资者跟进的绝好时机。

在盘口右下侧的成交明细中，有的价位并未在委买卖挂单中出现，却在成交一栏里出现了，这就是隐性买卖盘，其中往往可发现庄家的踪迹。

单向整数连续隐性买单出现而挂盘并无明显变化，一般多为主力拉升初期的试盘动作或派发初期为激活追涨跟风盘而做的盘口启动假象。

4. 盘口涨跌的先兆特征

一般来说，上有压板而出现大量隐性主动性买盘（特别是大手笔），股价不跌，是大幅上涨的先兆；下有托板而出现大量隐性主动性卖盘则往往是庄家出货的迹象。很多散户朋友往往缺少对盘口的把握，盯住盘口很关键，这有助于有效地发现主力的一举一动，从而更好地把握买卖的时机，从上压板、下托板看主力的意图和股价的方向。无论上压或下托，其目的都是为了操纵股价、诱人跟风，股票处于不同价区时，其作用是不同的。当股价处于刚启动不久的中低价区时主动性买盘较多，盘中出现下托板往往体现了主力做多的意图，此时可考虑介入跟庄；如果出现了下压板，股价却不跌反涨，主力压盘吸货的可能性偏大，往往是股价大幅上涨的先兆。

5. 盘口运作特征

拉升时挂出大卖盘的含义：一只股票不涨不跌时，挂出的卖盘比较正常，而一旦拉升时，立即出现较大的卖盘，有时甚至是先挂出卖盘，而后才出现上涨。出现这种信息，如果卖盘不能被吃掉，一般说明主力吸筹不足，或者不想发动行情；如果卖盘被逐渐吃掉，且上攻的速度不是很快，多半说明主力已经相对控盘，既想上攻，又不想再吃进更多的筹码，所以，拉得速度慢些，希望散户帮助吃掉一些筹码。

下跌时没有大承接盘：如果主力建仓不足，那么在洗盘时，不希望损失更多的筹码，因而下跌时低位会有一定的承接盘，自己卖给自己，有时甚至是先挂出接盘，再出现下跌动作。而在主力已经控制了较多筹码的股票中，下跌时卖盘是真实的，低位不会主动挂出大的承接盘，目的是减仓，以便为下一波拉升做准备。

分时曲线走势的自然流畅程度：主力机构介入程度不高的股票，上涨时显得十分滞重，市场抛压较大。主力相对控盘的股票，其走势是比较流畅自然的，成交也较活跃，盘口信息显示多方起着主导作用。在完全控盘的股票中，股价涨跌则不自然，平时买卖盘较小，成交稀疏，上涨或下跌时才有意挂出单子，明显给人已被控制的感觉。

对于大阳线在次日的股价表现：这个盘口信息在研判中的作用也不可小视。一只没有空盘的股票，大阳线过后，第二天一般都会成交踊跃，股价上蹿下跳，说明多空分歧较大，买卖真实自然，主力会借机吸筹或派发。如果在大阳线过后，次日即成交清淡，波澜不惊，多半说明股票已被主力控盘，既无意派发，也无意吸筹。

第二节　主力盘口运作特征（二）

1. 托盘式大单

盘中出现大单是常有的事，但如果某一类大单频频露脸就值得细细品味了，比如"托盘式大单"。

所谓"托盘式大单"是指这样一种情况：当上档抛盘较大时在第一接盘出现了十分明显的大单，比如某股现在的价位是 6.94 元对 6.95 元，从 6.95 元到 6.99 元的 5 档压盘都在万股左右，卖一处的压盘 6.95 元挂有 4 万余股，接盘方面，下档 4 个价位全部为数千股接单，唯有买一处的接盘 6.94 元出现了 5 万余股的接单。显然，一般情况下至少短时间内 6.94 元以下的接单是不可能成交的，因此，笔者把 6.94 元的大接单称为"托盘式大单"。

由于下档除了买一处的接盘以外其他的接盘都比较小，所以如果市场上要抛出来的筹码绝不会因为买一处的接盘大而不敢出来，反而会更愿意对着买一处的接单砸下去。但我们没有看到大单砸出来，因此可以得出这样一个结论：市场上想抛的大单不多，或者干脆说市场的大单已经不多了。再分析买盘，既然买一处的接盘比较大，而且短时间也没有变化，那么要想挂在下面的话比较难以快速成交，如果希望在短时间内成交的话就应该对准卖一处的卖单去打，因为卖一处的卖单本身的抛盘量也不小。由于再上面的抛盘不大，如果这个价位不买进的话说不定被别人买掉以后股价就上去了，这种心态在大盘盘中回升的时候会经常出现。从这里我们又得出一个结论：市场上真正想买的单子会对准上档的第一大抛单打。再进行深入分析。说市场上想抛的大单子不多只不过是一种理论上的结论，其实不论股价在什么位置，哪怕是在多少年来的最低价，市场上永远会有想出来的大单子。确实没有大单子抛出来的真正原因只有一个，就是真正的所谓市场上的大单子已经很少了，或者说大量的单子已经被主力封存，所以结论就是主力已经控盘这只股票。

至于"托盘式大单"只是主力的一种操作手法而已，其真正的目的无非是希望市场能够将卖一处的挂单打掉。至于上面的抛盘到底是市场上的还是主力自己的，则仅从"托盘式大单"这一点还很难看出来，但有一点很明显，目前不是主力的建仓阶段，否则主力不会愿意让市场买。另外，这与主力的成本区也没有关系，主力的成本也许更高也许更低，反正主力希望市场买盘跟进就是不愿意增加过多仓位的信号。但由于"托盘式大单"还是有可能成交的，至少会有一部分成交，因此，目前的价位主力还是觉得比较低，即使迫不得已增加一部分筹码也是可以接受的。

如果"托盘式大单"只是偶尔出现一次，或者出现以后股价并没有出现向上的推升，那么这种"托盘式大单"不具有特殊意义。

总而言之，"托盘式大单"的出现表明盘中有主力在运作，目前的价位主力认为不高，但主力希望通过适当的换手将股价推高。

2. 庄家对敲的方式

庄家对敲主要是利用成交量制造有利于庄家的股票价位，吸引散户跟进或卖出。庄家经常在整个运作过程中，如建仓、振仓、拉高、出货各个阶段中运用对敲。庄家对敲的方式主要有以下几种：第一，建仓时通过对敲的手法来打压股票价格，以便在低价位买到更多更便宜的筹码。在个股的 K 线图上表现为股票处于低位时，股价往往以小阴小阳沿 10 日或 20 日均线持续小幅上扬，这说明有庄家在推高或拉高建仓，然后出现成交量放大并且股价连续的阴线下跌，而股价下跌就是庄家利用大手笔对敲来打压股价。

这期间 K 线图的主要特征是：股票价格基本是处于低位横盘（也有拉涨停的），但成交量却明显增加，从盘口看股票下跌时的每笔均量明显大于上涨或者横盘时的每笔均量。这时的每笔均量会维持在相对较高的水平（因为在低位进行对敲，散户尚未大举跟进）。另外，在低位时庄家更多地运用上下夹板的手法，即上下盘都挂有大的买卖单，中间相差几分钱，同时不断有小买单吃货，其目的就是让股民觉得该股抛压沉重上涨乏力，而抛出手中股票。其二，拉升时利用对敲的手法来大幅度拉抬股价。庄家利用较大的手笔大量对敲，制造该股票被市场看好的假象，提升股民的期望值，减少日后该股票在高位盘整时的抛盘压力（散户跟他抢着出货）。这个时期散户投资者往往有买不到的感觉，需要高报许多价位才能成交，从盘口看小手笔的挂单往往不容易成交，而每笔均量明显有节奏地在放大。强势股的买卖成交单均为万股以上，甚至于 10 万股、数十万股以上，股价上涨很轻快，不会有向下掉的感觉，下边的买盘跟进也很快，这时每笔成交均量会急剧放大，一旦每笔均量有所减少，上涨势头将减缓甚至下跌。

3. 盘口挂单解读

在股价盘中波动的时候，在买卖 5 档显示出有手数较大的委托单，这些委托单的变化对股价后期走势有着至关重要的影响，他们的撤单挂单都有不同的意义。只有正确理解这些大单的含义以及相应的对策，才可以对股价的后期波动进行准确把握，从而为盈利打下基础。

对大单的定义是：最近 5 档买卖单的数倍，且倍数越大分析意义亦越重要。

（1）委托大卖单解读

在股价上涨途中，在股价上方出现较大的委托卖单，如果股价运行到此处不能放量吃掉这笔大卖单，股价往往就会停止上涨，有时候甚至还没有涨到大卖单的价位股价就停止了上涨。如果股价在此时想涨上去，一是放量吃掉大卖单，二是这笔大卖单主动撤掉。

一般来讲，这些大卖单是庄家故意放上去的，目的就是为了压住股价的上涨，从大卖单出现的操作理论上来讲，是庄家不想让股价上涨过快，从而控制股价的涨幅。因此，在股价上涨的时候如果碰到股价上方大卖单时：

①如果大卖单没有撤掉，并且没有出现较大的买单将它吃掉，股价将会在大卖单的价位停止上涨，出现调整或下跌。

②如果大卖单撤掉，或者有大买盘一笔将它买下，那股价后期还会继续上涨。

巨量压单的出现往往意味着庄家这样的目的：

①压抑股价上涨，为振仓打下基础；

②压制股价上涨，控制股票价格，降低建仓成本；

③放上大卖单让投资者误认为是振仓，从而达到出货的目的。

操作策略：对短线操作而言，只要大卖单没有撤掉，或者没有被买单一笔吃掉，不可以进场操作。

（2）委托大买单解读

在股价下跌途中也会出现委托大单，只不过委托单的属性是买入性质的。股价下跌途中，庄家为了稳住股价，往往会在下面放上数量较大的买单，买单的出现顶住了盘中连续出现的抛盘，因此股价会停止下跌或减缓下跌速度。

一般情况下，一旦巨量托单出现，股价就会在托单价位处起稳。如果股价出现连续的下跌走势，盘口出现巨量托单的时候，股价就会止跌上涨。只要巨量托单没有消失，就会对股价的下跌起到抑制作用。因为过分下跌，对庄家的后期操作也不利，股价跌得太多，庄家就需要花费更多的成本再重新把价位拉上来。

有时候，庄家也会利用托单进行骗线，让投资者误认为巨量托单是为了掩护庄家出货，纷纷抛出自己股票的时候，庄家却利用巨量托单进行悄然建仓。

面对巨量托单时可以采取以下的操作策略：

①如果股价近期下跌幅度较大，当天股价也有了较大的跌幅后，在低价位出现巨量托单，股价又跌不动的时候逢低介入。

②如果巨量托单出现，成交反而越来越大，那说明盘中一有买盘就有人疯狂的抛售，这种情况出现时不应当入场操作。

面对巨单的出现，操作难点就是巨单的消失。如果是卖单消失了，股价往往就会上涨走势；如果巨量买单消失了，股价往往就会继续下跌。巨单是短线操作的一个手法，通过巨单变化，我们可以在一定程度上判断庄家的操作意图。

4. 盘口数字语言

主力庄家在操作某只股票前，总会通过盘口数字语言相互传递信息，经过多年的观察，现部分总结如下，希望能对大家有所帮助。这些东西并不一定准确，仅供大家拓展思路，如据此操作，风险自负。

4 或 6、8 等 3 个以上数字重叠和连用，通常均为盘口语言，444 或 4444 多表示强庄示警，表明此股已有机构坐庄；6、8 重叠或与 4 连用，如 4466、4488 等多表示主力态度或通知关系仓或锁仓机构，挂卖单表示将拉升，挂买单表示将打压。

3 个以上 1 重叠可能是压盘或洗盘信号，请关系仓协助打压或维稳股价。

跌停在卖二或卖三、卖四挂重叠 8 或间隔 0，如 808，请关系仓协助拉抬护盘。

3 个以上 3 或 9 表示拉升或出货倒计时。其中末尾数字不定，可表示约定时间，如 3336 可能表示 6 分钟（或小时）后拉升，9 则是出货信号。

7 结尾表示下一步行动约定，与 4 或 8 结合挂卖单表示请关系仓协助打压，如 4007 挂卖二表示请关系仓压盘或在某一点位出货，807 挂买单表示请合作机构拉抬到某一点位。

12345 或 54321 以及其中的 3 位以上多表示操盘手与关系仓或新机构的交流，具体内容结合当时盘面的买卖大单等情况有所不同，可能是拉升或出货试盘信号，在得到对方回应后，开始拉升或出货。

委买委卖盘中特殊数字含义：

1111 主动卖盘，盘口预示即将下跌，将还有更低的买点；主动买盘预示可能即将拉升；如果是在历史高位，此波段可能结束。

333 预示即将上涨，无论买卖盘。

555 预示即将上涨，无论买卖盘，卖盘机构吸筹阶段，买盘有人愿意接盘。

999 9999 本庄家筹码用完，下庄接手。

888 都可用。

444 4444 恶庄，不是疯买就是疯卖，特别是 4444。

168 如果高位，放大量卖出（配合成交量），量小可继续持仓。

158 1558 1588 建仓初期、中期出现。

777 7777 庄家运作时遇上强劲对手。

5858 可能出现慢牛。

6868 在高位出现不好。

123 一切顺利尤其 789。

1414 诅咒对手盘。

其实机构交流的方式很多，通常操盘手都有自己的语言或约定的信号，甚至约定按照通用语言的"反信号"来操作，所谓通用语言一旦被破译也就没有意义了。因此，上面说的大可不必太认真，大家留心看，还能发现不少盘口语言呢。

第三节　图说盘口陷阱

在实盘操作中对盘中的许多陷阱如果能有效识别，就可规避很多风险。在笔者几年前的操作中，常常是十笔操作成功，但一笔就可以将十笔累积的盈利打光，这就是风险控制无力的结果。只有控制了风险，留下的才是利润。笔者将多年看盘实战的经验总结、归纳为以下几点，供散户朋友参考。下面以图说的方式一一讲解。

1. 快速拉高，急速回落

如图4-6a、图4-6b所示：600606 金丰投资 2012 年 5 月 3 日主力开盘后迅速拉高，5 浪拉升大有一举封涨停之势，可就在涨到 9.2% 时，盘中出现主动的大单砸盘，分时曲线图上形成尖锐的顶，再看其日 K 线图仅仅一个月时间股价从 4.70 启动，最高至 11.32，涨幅翻番有余，主力获利丰厚，随时都有出逃欲望。

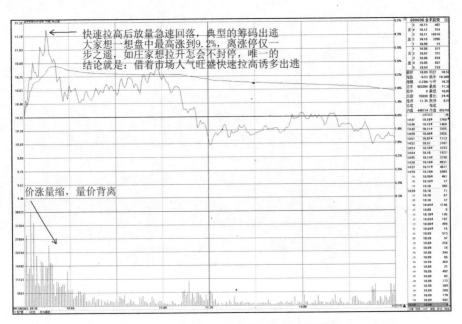

快速拉高后放量急速回落，典型的筹码出逃
大家想一想盘中最高涨到9.2%，离涨停仅一
步之遥，如庄家想拉升怎会不封停，唯一的
结论就是：借着市场人气旺盛快速拉高诱多出逃

价涨量缩，量价背离

图 4-6a　600606 金丰投资分时曲线图

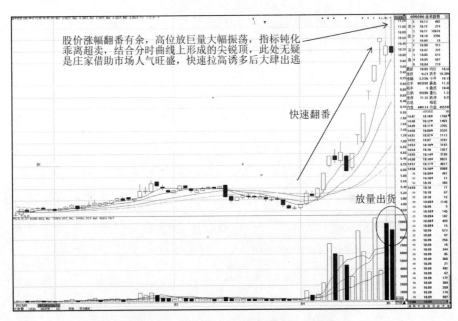

股价涨幅翻番有余，高位放巨量大幅振荡，指标钝化
乖离超卖，结合分时曲线上形成的尖锐顶，此处无疑
是庄家借助市场人气旺盛，快速拉高诱多后大肆出逃

快速翻番

放量出货

图 4-6b　600606 金丰投资日 K 线图

同样的情况也出现在000993闽东电力上，见图4-7a、4-7b。

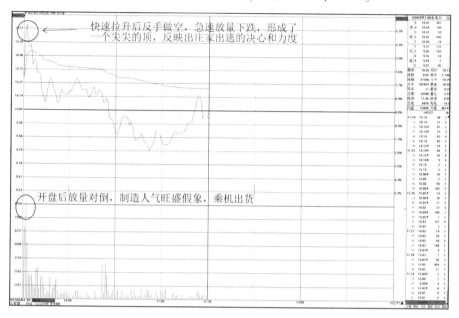

快速拉升后反手做空，急速放量下跌，形成了一个尖尖的顶，反映出庄家出逃的决心和力度

开盘后放量对倒，制造人气旺盛假象，乘机出货

图4-7a　000993闽东电力分时曲线图

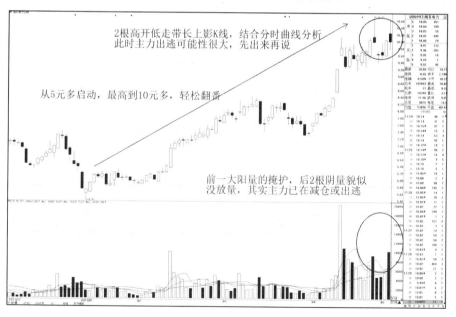

2根高开低走带长上影K线，结合分时曲线分析此时主力出逃可能性很大，先出来再说

从5元多启动，最高到10元多，轻松翻番

前一大阳量的掩护，后2根阴量貌似没放量，其实主力已在减仓或出逃

图4-7b　000993闽东电力日K线图

2. 垫单推高诱多，快速大单砸盘

如图 4-8、图 4-9、图 4-10、图 4-11、图 4-12、图 4-13、图 4-14、图 4-15 所示：000755 山西三维在 5 月 3 号大盘强劲攀升的背景下，该股主力利用大单扫盘，在买盘上挂出上千手的买单来引诱散户，不断推升股价，待市场踊跃跟风后反手做空，快速连续百手以上大单砸盘，此种推高手法说明了主力无心拉升或其实力较弱，一旦下跌其速度将非常迅猛。

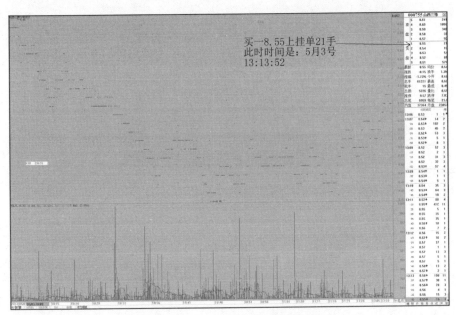

图 4-8　000755 山西三维分笔成交图

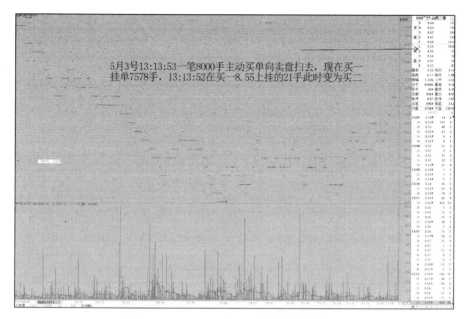

5月3号13:13:53一笔8000手主动买单向卖盘扫去，现在买一
挂单7578手，13:13:52在买一8.55上挂的21手此时变为买二

图4-9　000755 山西三维分笔成交图

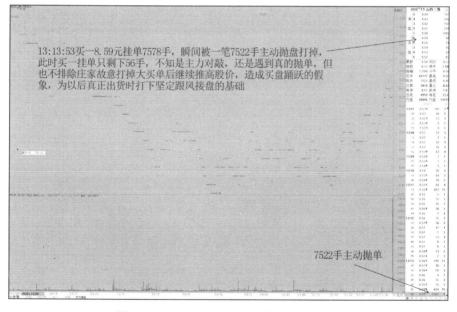

13:13:53买一8.59元挂单7578手，瞬间被一笔7522手主动抛盘打掉，
此时买一挂单只剩下56手，不知是主力对敲，还是遇到真的抛单，但
也不排除庄家故意打掉大买单后继续推高股价，造成买盘踊跃的假
象，为以后真正出货时打下坚定跟风接盘的基础

7522手主动抛单

图4-10　000755 山西三维分笔成交图

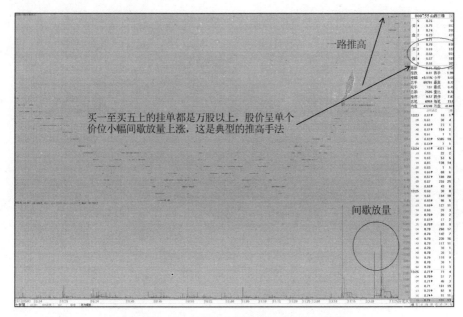

买一至买五上的挂单都是万股以上，股价呈单个
价位小幅间歇放量上涨，这是典型的推高手法

图 4-11　000755 山西三维分笔成交图

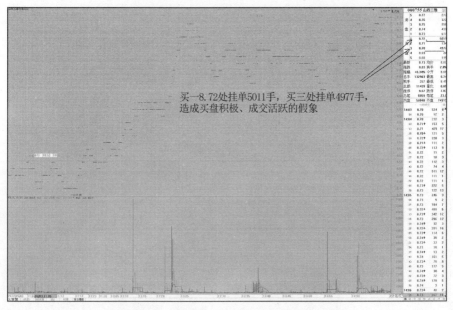

买一8.72处挂单5011手，买三处挂单4977手，
造成买盘积极、成交活跃的假象

图 4-12　000755 山西三维分笔成交图

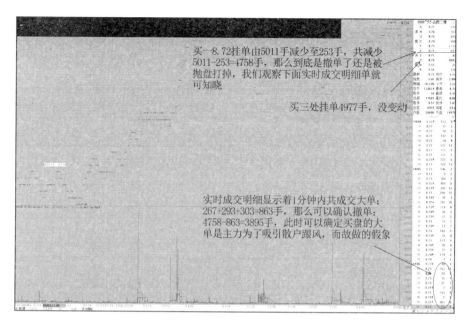

买一8.72挂单由5011手减少至253手，共减少5011-253=4758手，那么到底是撤单了还是被抛盘打掉，我们观察下面实时成交明细单就可知晓

买三处挂单4977手，没变动

实时成交明细显示着1分钟内共成交大单：267+293+303=863手，那么可以确认撤单：4758-863=3895手，此时可以确定买盘的大单是主力为了吸引散户跟风，而故做的假象

图4-13　000755 山西三维分笔成交图

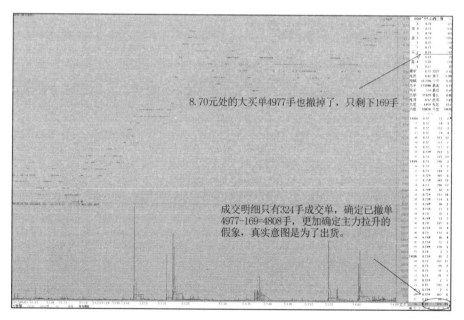

8.70元处的大买单4977手也撤掉了，只剩下169手

成交明细只有324手成交单，确定已撤单4977-169=4808手，更加确定主力拉升的假象，真实意图是为了出货。

图4-14　000755 山西三维分笔成交图

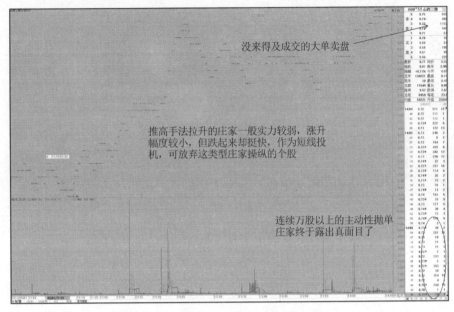

没来得及成交的大单卖盘

推高手法拉升的庄家一般实力较弱，涨升幅度较小，但跌起来却挺快，作为短线投机，可放弃这类型庄家操纵的个股

连续万股以上的主动性抛单庄家终于露出真面目了

图 4-15　000755 山西三维分笔成交

3. 高开低走，外强中干

　　高开低走多为庄家洗盘和出货惯用手法，虽说老套，但很管用，特别是 ST 股，几乎成了庄家出货的经典手法。辨别此种手法是出货还是洗盘，主要看它处在价格运动的哪个阶段，一般确定大盘属于中期行情时，高开低走的 K 线离底部区域平均价格的涨幅不超过 30% 左右，不管其是否放量，都可视为洗盘。当然投机市场中没有绝对，这只是大数概率而已。如涨幅超过 30% 达到 100% 甚至更高，那么宁可信其为出货，而不可抱侥幸心理视其为洗盘。如遇到特别强势的主力个股，这时先出来，待价格重新站稳高开低走 K 线后再进场也未迟。如图 4-16、图 4-17、图 4-18、图 4-19、图 4-20 所示。

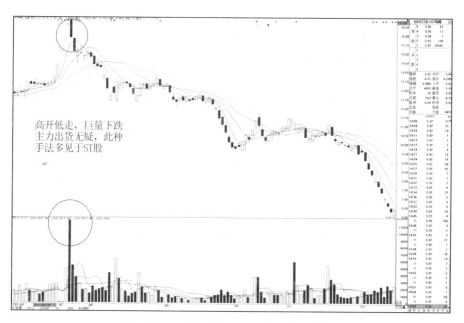

高开低走，巨量下跌
主力出货无疑，此种
手法多见于ST股

图 4-16　600338 ＊ST 珠峰日 K 线图

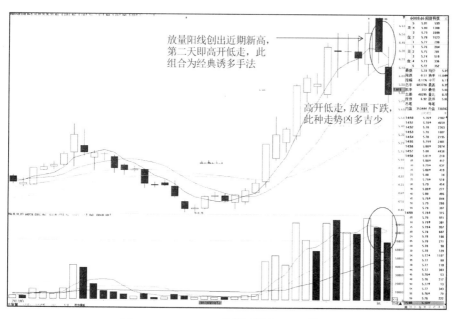

放量阳线创出近期新高，
第二天即高开低走，此
组合为经典诱多手法

高开低走，放量下跌，
此种走势凶多吉少

图 4-17　600846 同济科技日 K 线图

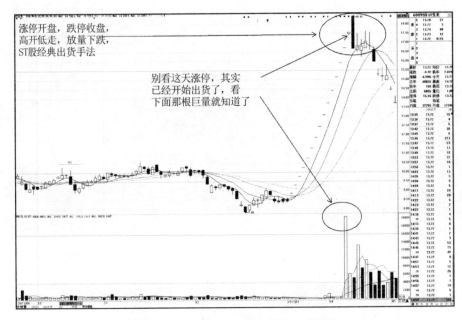

涨停开盘，跌停收盘，
高开低走，放量下跌，
ST股经典出货手法

别看这天涨停，其实
已经开始出货了，看
下面那根巨量就知道了

图4-18　600988ST 宝龙日 K 线图

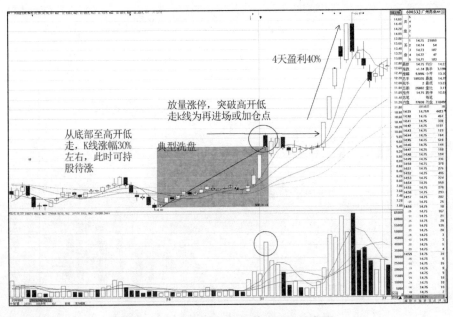

4天盈利40%

放量涨停，突破高开低
走k线为再进场或加仓点

从底部至高开低
走，K线涨幅30%
左右，此时可持
股待涨

典型洗盘

图4-19　600332 广州药业日 K 线图

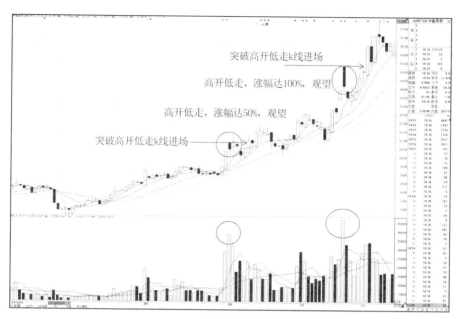

突破高开低走k线进场

高开低走，涨幅达100%，观望

高开低走，涨幅达50%，观望

突破高开低走k线进场

图4-20 600760 中航黑豹日 K 线图

4. 低开高走，启动信号

在消息面真空的情况下，低开高走一般是主力洗盘结束，将要拉升的信号，其出现的位置要求涨幅不大，距离底部最大涨幅不能超过 30%，如在高位出现低开高走 K 线，很可能是主力的诱多行为，宁可错失机会，也不可冒险贪进，如图 4-21、图 4-22、图 4-23 所示：

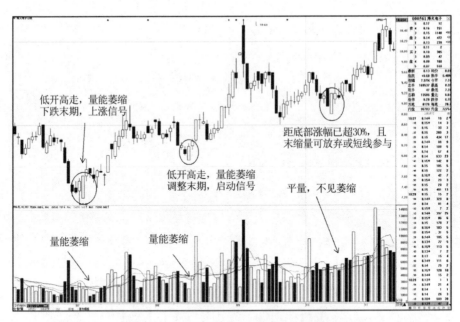

图 4-21　000561 烽火电子日 K 线图

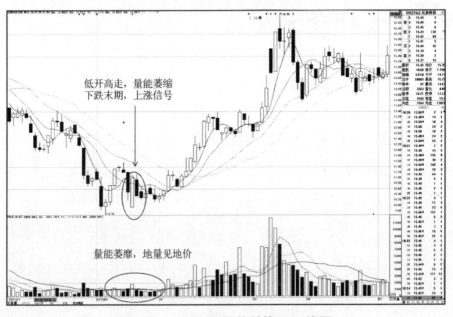

图 4-22　002562 兄弟科技日 K 线图

168

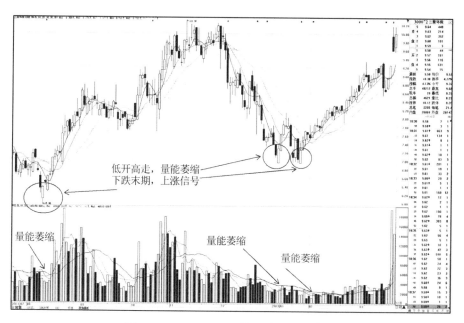

低开高走，量能萎缩
下跌末期，上涨信号

量能萎缩

量能萎缩

量能萎缩

图 4-23　300072 三聚环保日 K 线图

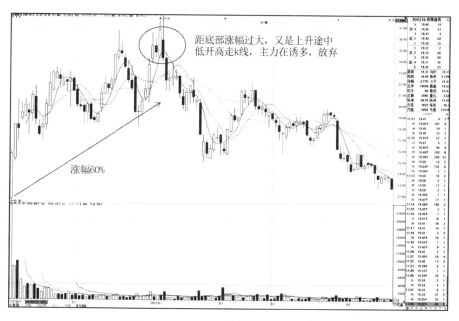

距底部涨幅过大，又是上升途中
低开高走 k 线，主力在诱多，放弃

涨幅 60%

图 4-24　600136 信维通信日 K 线图

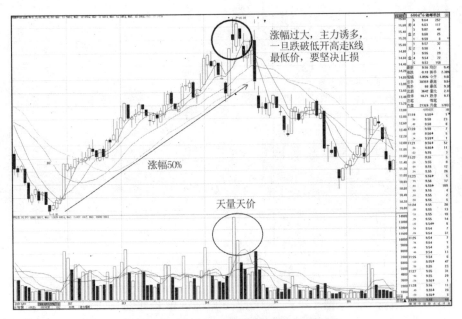

涨幅过大，主力诱多，
一旦跌破低开高走K线
最低价，要坚决止损

涨幅50%

天量天价

图 4-25　600476 湘邮科技日 K 线图

第四节　浅谈盘口解析

1. 各种大单解析

股价大幅上升或下跌是由主力资金推动的，主力资金不可能一手两手地买卖股票，因此，真正的热门股应该是盘中大买卖单成交活跃的个股。大单，即每笔成交中的大手笔单子。当委托买卖中出现大量买卖盘，且成交大单不断时，则往往预示着主力资金动向。假如一只股票长期极少出现连续大手成交卖买单，基本上可以认定为散户行情，易跌难涨。

一般而言，委卖盘越大，说明市场抛售欲望强烈，股价看跌。委买盘越大，说明欲买进的投资人众多，股价看涨。

"小规模暗中吸筹"：有时买盘较少，买一、买二、买三、买四、买五处只有几十手，在卖单处也只有几十手，但大于买盘，却不时出现抛单，而买一却不是明显减少，有时买单反而增加，且价位不断上移，主力同时敲进买、卖单。此类股票如蛰伏于低位，可作中线关注，在大盘弱市尤为明显，一般此类主力运作周期较长，且较有耐心。

"常规性大买单"：多指 500 手以上的成交单，其中卖单较少的连续向上买单。卖一价格被吃掉后又出现抛单，而买一不见增加反而减少，价位甚至下降，很快出现小手买单将买一补上，但不见大单，反而在买三或买四处有大单挂出，一旦买一被打掉，小单又迅速补上，买三或买四处大单同时撤走，价位下移后，买二成为买一，而现在的买三或买四处又出现大单（数量一般相同或相似）且委比是 100% 以上，如果此价位是高价位，则可以肯定主力正在出货。小单买进，大单卖出，同时以对敲维持买气。

"扫盘大单"：在涨势中常有大单从天而降，将卖盘挂单连续悉数吞噬，即称扫盘大单。在股价刚刚形成多头排列且涨势初起之际，若发现有大单一下子连续地横扫了多笔卖盘时，则预示主力正大举进场建仓，是投资人跟进的绝好时机。

"低迷期的大单"：首先，当某只股票长期低迷，某日股价启动，卖盘上挂出巨大抛单（每笔经常上百、上千手），买单则比较少，此时如果有资金进场，将挂在卖一、卖二、卖三、卖四、卖五的压单吃掉，可视为是主力建仓动作。注意，此时的压单并不一定是有人在抛空，有可能是庄家自己的筹码，庄家在做量吸引市场注意，大牛股在启动前就时常出现这种情况。

"盘整时的大单"：当某股在某日正常平稳的运行之中，股价突然被盘中出现的上千手大抛单砸至跌停板附近，随后又被快速拉起，或者股价被突然出现的上千手大买单拉升然后又快速归位。表明有主力在其中试盘，主力向下砸盘，是在试探基础的牢固程度，然后决定是否拉升。该股如果一段时期总收出长下影线，则向上拉升可能性大，反之，出逃可能性大。

"下跌后的大单"：某只个股经过连续下跌，在其买一、买二、买三、买四、买五常见大手笔买单挂出，这是绝对的护盘动作，但这不意味着该股后市止跌了。因为在市场中，股价护是护不住的，"最好的防守是进攻"，主力护盘，证明其实力欠缺，否则可以推升股价。此时，该股股价往往还有下降空间。但投资者可留意，因为该股套住了庄，一旦市场转强，这种股票往往一鸣惊人。

172

2. 解读集合竞价的盘口密码

一年之计在于春，一日之计在于晨。集合竞价对我们跟踪盘口强弱，预判全天大盘个股走势，都有极高的参考意义。集合竞价往往隐含着主力当日运作意图，是市场各方经过一夜深思熟虑，以及市场共同预期的结果，这是实战看盘的第一着眼点。认真分析集合竞价的情况，可以及早进入状态，熟悉最新的盘口信息，敏锐发现机会，这是很多散户朋友容易忽略的问题。

集合竞价的交易规则：

要准确掌握集合竞价的实盘指导意义，就必须对集合竞价的交易规则有一个清晰的了解。

所谓集合竞价，是将数笔委托报价或一时段内的全部委托报价集中在一起，根据价格优先、时间优先的原则，以不高于申买价和不低于申卖价的原则产生一个成交价格，且在这个价格下成交的股票数量最大，并将这个价格作为全部成交委托的交易价格。

9:15开始可以进行集合竞价，9:20之前可以撤单，9:25分竞价结果报出。

当股票的申买价低而申卖价高导致没有股票成交时，上海股市就将其开盘价空缺，将连续竞价后产生的第一笔价格作为开盘价。

深圳股市对此却另有规定：若最高申买价高于前一交易日的收盘价，就选取该价格为开盘价；若最低申卖价低于前一交易日的收盘价，就选取该价格为开盘价；若最低申买价不高于前一交易日的收盘价、最高申卖价不低于前一交易日的收盘价，则选取前一交易日的收盘价为今日的开盘价。

以上就是集合竞价的基本过程，其实参加集合竞价并没有资金上的限制。至于其优点，更适合新股首日上市，行情看涨时第一时间介入，或者某股有利好消息出台时抢先杀入，介入价位相对理想。

从集合竞价看当日大盘走势：

集合竞价是每个交易日最先开始买卖的时机，蕴涵了大盘和个股当天运行趋势的某些信息，应及时并正确地解读集合竞价信息，适时对自己的投资计划做出调整。

笔者看来，集合竞价的实际意义在于按当天供求关系校正股价，初步反映出价、量情况及主力操盘情况。在无新股上市的情况下，集合竞价基本反映市场各方对当天走向的看法。当然，这种看法会随着连续竞价而发生调整。

如果集合竞价交投踊跃，以涨停集合竞价的个股数量居多，或逐步增多，预示早盘走势将极为强势；如果集合竞价上涨个股数量较多，也可以看出当天盘面走强的可能性很大，反之，大盘则或呈现弱势。

一般情况下，如果开盘委买单大于委卖单2倍以上，则表明多方强势，做多概率较大，短线者可立即跟进；反之如卖单大于买单2倍以上，则表明空方强势，当日做空较为有利，开盘应立即卖出，逢低再补回。

特别提示：关注权重股的开盘竞价情况，从中可以大致推测当日大盘的走势。如中国石油、中国石化、中国中铁、中国国航、大秦铁路、工商银行、中国联通、宝钢集团等大盘指标股，竞价价格不断走高，反映市场做多的预期强烈。

反之，当大盘指标股在竞价时走低的居多，当日开盘就不太乐观，很可能低开。一旦低开，市场人气会受到一定的影响，而大盘当日会趋于下跌。当然，这不是绝对的，但是却有相当的指导作用。

从集合竞价看当日热点板块：

板块热点的把握上，比如以某日开盘为例，有色金属竞价排名第一，另外，与有色板块联动性较好的资源类板块也位列前茅。这显示其高举高打的强势，我们应配合大盘，密切关注主力短线轮动的可能性。

还要结合61、63个股竞价排行榜来看，有色金属的板块联动性较好，它们有成为今日盘中热门板块的潜质，应密切关注。再配合5分钟涨幅排行榜，可进一步跟踪有上攻欲望的个股。

其中，5 分钟涨速排行、资金总额、量比排行也是关注的重点，从中可以发现有急速上攻欲望的个股，量能放大，说明有主力运作，应密切关注！

集合竞价预判个股强弱：

对于个股操作而言，集合竞价是必须关注的第一要点，它可以反映出该股票是否活跃。如果活跃，集合竞价所产生的价格一般较前一日为高，表明买盘踊跃。如果是非活跃股或冷门股，通过集合竞价所产生的价格一般较前一日为低，当日购买欲望不强。

值得注意的是，如果强悍的主力旨在拉升股价，为减少跟风盘，往往会把拉升安排在集合竞价时间。你会看到集合竞价的价格波动在不断上升，甚至达到涨停价格。沪深两市最强悍的股票，就是开盘就涨停，而且这些涨停具有很强的连续性。因此，一旦我们看到个股集合竞价涨停就必须引起关注。

当然，主力肯定是要根据抛盘的成交量情况做出决定，否则就增加持有了过多的筹码。在竞价最后时刻，只要主力认为目前的抛盘不是压力，就会以天量直接将股价顶在涨停板上。如果主力感知大盘不对，就会临时改变计划。

因此，集合竞价时，交投活跃的个股要重点关注，如果该股在行业中权重较大，则有可能带动整个行业；如果有群体异动，则必须重点跟踪。

实战操作中，当早盘 9:25 集合竞价出来以后，5 分钟内快速浏览 61、63 排行榜中价升量增的高开个股，结合热门板块排序，看是否有高开的板块联动效应，迅速浏览 81、83 个股龙虎榜，查看周 K 线、日 K 线，是否有符合自己操作风格的个股出现，以便在早盘连续竞价时密切跟踪，寻找最佳介入时机。

具体操作方法，如果准备以最低价买入暴跌的热门股抢反弹，也可以参加集合竞价。因为前一日暴跌的以最低价收盘的个股，当日开盘价可能也就是当日最低价。

值得注意的是，在集合竞价中如发现手中热门股有 5% 左右的升幅，且伴随成交量放大几十万甚至几百万股，则应立即以低于开盘价卖出所持有的热门股，以免掉入多头陷阱被套牢，这个时候，一般不应追涨买入热门股。

3. 关注开盘价

开盘价分为 3 种：高开、低开、平开。

（1）平开：今日开盘价与前一天收盘价完全一致，出现这种情况的概率不大，同时技术意义也不强，可基本忽略。

（2）高开：是指当天第一笔撮合的价格高于前一个交易日的收盘价格，它一般意味着市场对该股未来的走势有所期待，属于看多个股后市的开盘。

首先要看高开的幅度，其次看高开时的量能，量能参照量比指标。如果高开的幅度在 1% 以内，量比在 3 以下，则信号并不强烈。如果高开的幅度并不大，但量比异常放大，比方开盘时量比超过 10，也是有较强的短线意义的。

如果量比并不显著，但高开的幅度高于 5%，也有较强的短线意义；这种情况一般极少见，因为常规而言，上涨都需要量能的推动，只有连续上攻的一字线涨停可能会出现这种情况。

有操作参考意义的是在强势市场中高开的个股。如果高开幅度在 3% 以上，而且能够稳住，不再大幅下跌回补缺口，这样的个股就应该高度关注，因为这样的个股短期内会有持续上涨的动力，所以有短线机会。相反，在弱市中，如果股价大幅低开，并且没有反弹回补缺口，或者即使回补缺口但成交很小，就意味着该股还将有较大的跌幅，应及早卖出回避风险。对于一般的个股股价出现略微的高开或者低开，仅仅从开盘价格是无法预测今后的走势的。

这里重点研究的是高开 3%，并配合高量比的情况，这种情况最具有实战意义。

笔者在这里提示散户朋友，开盘价不是针对技术买点而言，是针对技术卖点而言；也就是说，如果你前一天买进一只个股了，今天是否需要卖出，那么早盘的第一笔成交可以给我们透露出一些信号，当这种信号非常强烈时，就具有很强的参考价值。

高开 3% 以上的个股，当天分时图上即留下一个向上的跳空缺口，如果是前一天涨停的个股，次日高开要求配合高量比，这个量比在早盘前 5 分钟，或开盘的第一笔成交可能达到 10 以上，通常会在 20 左右，甚至能达到 50 以上，但随着后市继续走强，封住涨停，则量比数值就会降下来，全天量比一般在 3~7 之间。

前一天涨停追入的个股，今日要不要卖出？第一个关注点就是看开盘价高开的幅度，第二就是看这一笔成交时的量比，如果量比在 20 以上，跳空高开 3% 以上，则 70% 以上的概率是这只个股前一天追击成功了，虽然后市的演变还有很多的不确定性，但套你的概率已很低，只是利润多少的问题了。

应对策略：

第一，缺口。向上高开后，最强的股票不会再回到缺口下方运行了，一般经过 1~3 波之后，会直接攻击涨停并封死。也有一些个股会向缺口下方游荡，但一般不会完全封闭当天的跳空缺口，这种情况也属于强势了。如果 1 小时之内就把缺口全部封闭，则后市走弱的可能性就很大了，由此可以推测，早盘的高开行为是诱多的可能性居大。

第二，前一天收盘价。这也是一个重要的价位，也是一个基本底线。如果前一天很强的个股，高开后又回到前一天收盘价下方运行，并且运行时间超过半小时仍不见发力上攻，基本可以推断早盘高开为诱多行为，应及时寻找短线离场机会。

第三，分时均价线。分时均价线也是一个重要的参考价位。最强势的个股极少回到分时均价线下方运行，当然也有一些超级强势的个股会装弱，全天在分时均价线下方运行超过 3 小时，然后收盘前再攻击并封死涨停；但这类个股一般不会再回到当天的缺口下方运行，更不会回到前一天收盘价下方运行。

通过以上分析，我们不难发现，前一天强势追击的个股，次日强弱的重要参照技术值有：开盘价、量比、缺口大小、分时均价与即时成交价的位置关系、前一天收盘价、周期等。只要以上参考因素同时给出正面信号，则应坚决持股。如果出现不良信号，则应随机应变，及时出局；绝不能因为前一天的强势而主观臆断，今天绝对会如何如何，否则，容易受到大的伤害；短线最重要的原则是永不大亏。

（3）低开：强势个股，次日出现低开的情况，已经是第一个不良信号，首先第一反应是降低预期，如果低开 3% 以上，则前一天诱多的概率可以上升至 70% 以上，除非在 10 分钟之内翻红，否则应寻找一切机会跑掉。

如果低开在 1% 以内，要求开盘后半小时之内必须翻红，否则首先应考虑出局。

在实战看盘中，其实开盘价是非常关键的，比如一个正处于主升的品种，低开、高开、平开都是有一定含义的，主升中的低开常常隐藏杀机！尤其在上涨了相当的幅度后，一个低开足以致命，在分时观察中要注意的是以下几种现象：

①开盘后立即上攻，开盘价就是最低价，盘口显示出很强的攻击盘，但是盘中整理时却莫名其妙地跌破开盘价，一度创出新低，收盘前再度拉高，这么一来，K 线便出现了下影线，这种走市其实已经蕴涵了一种多空的转换，如果做盘资金坚决，那根本不可能让场外拣到低价位筹码。因为资金在拉高时，本身就是在承接，而出现了比其承接价还低的价位，无疑是让场外的成本低于他的成本，这就像从主力的口袋里掏钱，是主力所无法容忍的，一旦出现上种走市，需要的是慎重和观望。

②开盘后略微上攻后即迅速跌破开盘价，且始终无法再冲破开盘价位，如果这种走势是在阴线的后面，所透露的盘面信息是不给前一天的高位买入者解套的机会；如果盘中持续低走，是一种极其虚脱的态势。

③开盘后一度短时间上攻，但是回调跌破了开盘价后，还是能够继续创新高，这里要观察新高距离前期高点的幅度，如果只是略微创出的微弱新高，那这种新高的持续创出力度值得怀疑。这里需要观察的是该品种在回调时的折返点，如果回调后的低点和第一拨冲高后，跌破开盘价创出的低点不会差得太远，那该品种的做多动力是较为虚弱的！如果回调后的低点低于第一拨冲高后，跌破开盘价创出的低点，那当天走市很可能都是以调整为主，不会有太过凶猛的涨势，即使尾市出现拉台，那也要慎重。

以上三种情况都是针对开盘价而言的，所以开盘价就像一个人早起时的精神面貌，高开说明斗志昂扬，平开说明还算端庄，低开则是精神萎靡，一个好的精神状态甚至可以一天都表现良好、事半功倍。

提防"操纵开盘价"陷阱：

操纵开盘价的手法具有隐秘性强、诱惑性大的特点，很多散户朋友尚不能完全认清"操纵开盘价"的本质和危害，容易盲目跟风炒作，结果造成高位接盘、深度套牢的严重后果，其操纵交易手法主要有以下特点。

（1）买申报量大。在集合竞价阶段的9:15~9:20期间，个别游资炒作大户进行多次、大额买申报，其委托量往往较大，占集合竞价阶段市场总委托量的比重也较高。

（2）买申报价高。账户的上述买委托申报价格往往大大高于股票的前日收盘价，部分账户甚至常以当日涨停价进行申报。当账户的委托量占市场比重达到一定程度，其申报价格将对行情实时显示的模拟开盘价产生重大影响，从而达到对其他投资者产生误导的目的。

（3）对买申报全部撤单。当其他投资者跟风买入，股价得到维持后，立即对之前买申报全部撤单。

（4）当日实际大量卖出。在"操纵开盘价"成功后，账户通常会进行大量卖出以获利，这也是其操纵股价的真正目的。

随着股市新股发行的加快，庄家企图利用广大中小投资者"打新"和"炒新"的热情，从事包括"操纵开盘价"在内的短线操纵行为。散户朋友应避免首日盲目跟风"炒新"，避免在新股上市首日开盘集合竞价期间盲目报价，注意防范交易风险，不要盲目跟风追涨炒作。

4. 盘口语言与盘感

形象地说，盘口语言就像你的形体语言一样，当你要达到某种目的的时候，就可以通过形体语言来表达你的思想，比如你竖起大拇指，别人一看就知道你想说"好棒"！体育教练将两只手掌组成"T"字形的时候，你就知道他要求暂停！股票也是如此，主力动用大资金操纵股价的最终目的是为了获取暴利，为达到此目的，展开吸筹、拉升、洗盘、出货等，所有的意图都将在K线与分时曲线图上表达得淋漓尽致。所以，只要个股没有被停牌，天天都会说出盘口语言，正所谓言多必失，就像一个人一开口说话总是会暴露他的一些意图，通过盘口语言你可以了解到主力做庄的思路，从而洞察主力的未来动向。

有人认为，图谱是主力诱骗中小投资者上钩的工具，比如主力可以刻意影响和控制很多市场较为关注的常用指标。的确，盘口表现出的价格形态既然被称为盘口语言，语言中自然会含有真话也会流露谎言，比如主力常常对倒放量制造假象，这就是盘口谎言，需要投资者辩证对待！盘口语言体现主力资金进出的动向可谓千变万化，但从形态上看，无非是上行通道、下降通道、横盘三种趋势。如果你能在了解趋势的前提下，熟读各种K线图形与分时走势形态，慢慢地你就看懂或者说是听懂了盘口语言，那么某一天你在实战中看到类似的形态时便立即会条件反射出该股短期内最可能产生怎样一种走势，更多地为你的操作提供重要的参考依据。就如你熟识的朋友，你对他的性格了如指掌，在特定事物面前，你无须问他，就知道他最可能采取怎样的行动！

那么什么是盘感呢？无可非议，盘感就是形容你对盘口语言的熟悉程度，我们深知主力以其雄厚的资本，深远的战略眼光与常人无法比拟的耐力，占有着市场的主导地位，成为最后的成功者，而散户恰恰不足的就是缺乏这种资金、眼光与耐力！所幸的是我们尚能从主力的盘口语言中洞察其蛛丝马迹，这是我们驾驭庄股的突破口，只有对每一种图谱倒背如流，你才有良好的盘感，就如神箭手眯着眼睛就能轻松做到百步穿杨，又如迈克尔·乔丹随手一抛也能命中目标一样。当你对某一项事物异常娴熟之时，无须再用技术分析方法来形容你的功力，而是一种感觉，这种感觉体现在实战操作中，我们称之为盘感！当你像古人熟读兵书一样熟读了各种 K 线形态，那么磨刀不误砍柴工，你就能在股市这个没有硝烟的战场上游刃有余，成为最后的赢家！

盘口语言在实战中的意义：

（1）庄家凭借资金实力，能够骗线、骗图、骗量、骗技术指标，但它无法骗资金的进出（或称筹码的进出）。读懂庄家的盘口语言，就是要看懂大资金在盘中是实进虚出，还是虚进实出，这是盯盘的关键，也是分析庄家行为的关键。学习盘口语言的目的，就是为了确定资金流向的真实性。

（2）要实时盯盘，最多不宜超过 3 只个股，再多你就无法了解庄家的举动。比如庄家的大单卖盘，是实出还是虚出，得看当时下档有没有突然出现大挂单，如有，是虚出，即庄家并没有出，而是为了一定目标故意为之；如没有，则为实出。

（3）对主力资金运作的盘口观察是感性的，有时候我们很容易被自己的感情所欺骗。盘口语言分析，必须结合 K 线组合、单笔成交股数等其他行之有效的分析方法，才能更有效地分析主力的行动目的。

5. 盘口语言的逻辑解读

对一个短线投资者而言，看盘水平的高低会直接影响其操作效果，即使是中线投资者也不能忽视其存在价值。如果中线投资者在较高位介入，却不懂利用高抛低吸降低成本，即使获利，也不能称其为合格的职业投资者。

透过盘中的大盘及个股走势，研判出多空双方力量的强弱，决定了其对股票炒作节奏的把握，也是其是否盈利或盈利高低的关键。职业投资者与普通投资者的最大区别在于他们往往能从变化莫测的股市中的细微之处，见微知著，洞烛先机，而他们之所以能看出盘中诸多变化所传递的信息，主要是一种经验的积累，这种积累往往是通过多年对其自身操作失败经历的反复总结而得，但现在许多投资者入市多年也是散户（不论其资金量多大），即是其不善于总结之故，因此，看盘水平的成功是衡量一个职业投资者水平高低的重要依据。

看盘主要应着眼于大盘及个股的未来趋向的判断，大盘的研判一般从以下三方面来考量。

（1）大盘股指与个股方面选择的研判（观察股指与大部分个股运行趋向是否一致）。

（2）盘面股指（走弱或走强）的背后隐性信息。

（3）掌握市场节奏，高抛低吸，降低持仓成本（这一点尤为重要），这里主要对个股研判进行探讨。

盘中个股走势是一天的交投所产生的形态，能够清晰地反映当日投资者的交易价格与数量，体现投资者买卖意愿，为了能更好地把握股价运行的方向，我们必须要看懂盘中走势，并结合其他因素做出综合判断。一般的理解是，看盘需要关注开盘、收盘、盘中走势、挂单价格、挂单数量、成交价格、成交数量与交投时间等，但这只是传统认知，其他因素在下文中详细探讨。

挂单：

投资者进行短线交易时，常常进行盘口分析，而一般的交易系统软件可提供的及时图表是公布五档买卖盘的交易情况，即买一、买二、买三、买四、买五和卖一、卖二、卖三、卖四、卖五。这种买卖盘挂单交易往往是庄家"表决心"的窗口，但由于目前数据传输质量和分析软件的缺陷，使投资者难以看到真实的交易情况，加之主力利用此种缺陷频频做出盘中骗线，使投资者产生错误交易行为。笔者将自己多年对盘口买卖单观察时的记录及理解写下，希望对投资者有所帮助。

总结：挂单真正的含义——主流资金在当日的运作布局：主流资金当日控制即时股价波动区域的窗口。注意理解"波动区域"的真正含义，即主流资金在什么价位挂出大单，上压下托的位置。关注焦点是：到达此价位，是否有主动性买卖盘的出现。一定要关注此时关键位置的即时买卖盘以及成交重心，它充分体现了主流资金的控制意图"放弃操作"与"坚决操作"。如大盘不好、个股挂单被瞬间击破，要看是大额抛单还是散户的小额抛单，以及股价下落的幅度、速度，其后能否瞬间收回，量能是否萎缩，放量是否真实。分析当天盘中主流资金的挂单布局意图——吸货、洗盘、拉高、出货，结合股价日 K 线图表的相对位置（高、低位）来研判，细节在下面将——展开。

（1）单向整数大抛单的真实意义

单向连续出现整数抛单（多为 100 手以上，视流通盘大小而定），而挂单为持续的较小单（多为单手或数十手），且并不因此成交量出现大幅的改变，此种盘口一般多为主力在隐蔽式对敲所致，尤其在大盘成交稀少时极为明显，此时应是处于吸货末期，进行最后打压吸货之时（当然应结合股票的整体趋势来判断）。

例如：笔者在 2009 年年初持有的 600239 云南城投，在低位（6.50 元～

6.85 元）曾经持续突然出现 100 手连续抛单，且每隔几日便突然出现，而成交却并不活跃，换手率仍处在 0.30%～1.30% 之间，翻开该股的月线图表，可清楚地看到该股自 2007 年 12 月 4 日见到中期大顶之后，一路下行，连续阴跌 13 个月之久，与大盘的跌幅进行比较，该股跌幅超过 43% 以上，周线、日线技术图表也表明该股处于历史低价区域，十大股东中广东证券持有 1344857 股，而几名个人股东才持有 481286 股，其中顾庆其持有 360000 股，尹秀芳持有 316378 股，其中广东证券有限公司是公司 2001 年配股的主承销商，通过"余额包销"的方式，成为公司前十名股东之一，再加上日线图中经常出现上下影线，可初步判断有资金被套，在如此低的价位，此种表现，可判断其主力正在小仓位吸货，后续在技术面配合下，出现短线拉升，如图 4-26 所示。

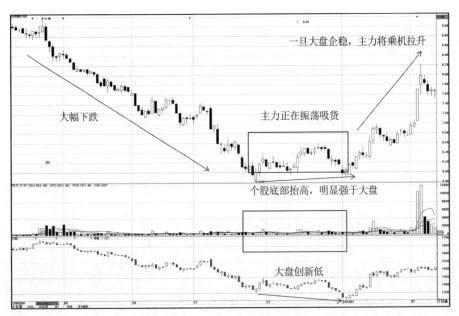

图 4-26　600239 云南城投日 K 线图

再如近日的 000715 中兴商业在短线躁动后持续杀跌，跌幅超过 50%，以该股为例，其运行较为典型，该股近几年以来，一直在 5.89 元~14.23元的大型箱体中运行，究其原因，可能是基本面欠佳之故，但从 2007 年 6月 24 日大盘见顶以来，该股出现强势横盘状态，盘中振荡幅度开始加大，但一到技术的关键位置，便有人为调控的痕迹，控盘庄股中经常出现的长上下影线的 K 线图形开始越来越多，在 2007 年 9 月 21 日该股突然出现大幅打压一个月后，该股振荡盘出上升通道，换手率也保持在 3% 以下，盘中筹码锁定较好，股价运行至 2011 年 11 月 27 日时，已经距历史高点14.23 元只有一步之遥，盘中分时上蹿下跳，在 2011 年 12 月 4 日 9 点 52分，一笔 416 手的大单打开局面，其后在卖一上挂出 500 手左右的卖单，注意，此时的抛单并不一定是主力在抛空，应是庄家自己的筹码，庄家在制造成交量吸引散户注意，随着买单的汹涌而出，卖单也不断加大，在900 多手卖单被吃掉后，盘中主力被激怒，在此日竟在卖一上压出 1600 多手卖单，无论买盘多大，仍让其保持至收盘，第三日连续携量突破，第四日创出 14.22 元近 5 年的高点，但盘中抛盘如注，在下跌时成交持续放大，其后的走势也出乎笔者意料，该股从 14.22 元一口气跌至 6.93 元，跌幅之猛之快至今仍让人心有余悸，如图 4-27 所示。

（2）无征兆的大单解读

一般无征兆的大单多为主力对股价现有运行状态实施干预所致，如果是出现连续大单的个股，现行运作状态有可能被改变。如出现不连续的情况也不排除是资金量较大的个人大户或小机构所为，其研判实际意义不大。

①股价处于低位（复权后），买单盘口中出现层层较大买单（多为 100手以上，视流通盘大小而定），而卖单盘口只有零星小单，但突然盘中不时出现大单炸掉下方买单，然后又快速扫光上方抛单，此时可理解为振荡吸货。

从14.22元一气暴跌至6.93元
跌幅达50%

图 4-27　000715 中兴商业日 K 线图

例如，某股卖一在 6.60 元挂出 200 手卖单，买一 6.59 元挂 100 手买单，然后股价重心出现振荡上移，但始终是在卖一、买一中间相差 1 分钱，一旦出现 6.60 元单子便被资金迅速吃掉，然后不再向上高挂，以此手法显示上档抛压较为沉重，诱使投资者抛出筹码，以达到迅速建仓的目的。

②股价处于高位（复权后），卖单盘口中出现层层较大卖单（多为 100 手以上，视流通盘大小而定），而买单盘口只有零星小单，但突然盘中不时出现小单持续吃掉上方大卖单，然后又快速炸掉下方出现较大买单，此时可理解为主力诱多减仓。

例如，某股在卖一 12.92 元，只有 17 手小手挂单，买一 12.91 元有 5 手小手挂单，成交价为 12.92 元，成交为 331 手，而卖一处只减少了 14 手，显然此次成交是盘中资金对倒行为所致，假如该股处在高位，可以判断主力开始大幅对倒减仓。

（3）买二、买三、买四，卖二、卖三、卖四的解读

在盘面中不断有大挂单在卖五、卖四、卖三、卖二、卖一处挂出，并且股价价位不断上撤，最后突然出现一笔大买单（至少 200 手以上）一口吃掉所有挂单，然后股价立刻被打爆，出现短线大幅拉升，此时主力用意有二：一方面显示自己的资金实力，另一方面引诱跟风者持续跟入，减少自己实际资金过多介入，以控制仓位，利用同向合力形成技术共振，减少拉升压力。

有时买盘较少，买一、买二、买三、买四、买五处每档只有几十手挂单，在卖单处也只有几十手，却不时出现抛单，而买一却不是明显减少，有时买单反而悄然增加，且价位不断上移，可以肯定主力同时敲进买、卖单对敲。此类股票如蛰伏于低位，可做中线关注，在大盘弱市尤为明显，一般此类主力为中长线慢牛庄家，且较为有耐心。

（4）虚假买单解读

如 200 手以上连续向上买单而卖单较少。卖一价格被吃掉后又出现抛单，而买一不见增加反而减少，价位甚至下降，很快出现小手买单将买一补上，但不见大单，反而在买三处有大单挂出，一旦买一被打掉，小单又迅速补上，买三处大单同时撤走，价位下移后，买二成为买一，而现在的买三处又出现大单（数量一般相同或相似）且委比是 100% 以上，如果此价位是高价位，则可以肯定主力正在出货。小单买进，大单卖出，同时对敲维持买气。

6. 涨停板股票的盘口分析

无量空涨型和有量仍封死涨停型

（1）无量空涨型。股价的运动从盘中解释，即买卖力量的对比，如果预期较高，没有多空分歧，则形成无量空涨。

（2）有量但封死涨停不开板。此类比前一类可能上涨幅度要稍逊一

筹，含义是有一部分看空的抛出，但看多的更多，始终买盘庞大，拒绝开板，庄家有意显示其超凡实力。K线图中形成"一条横杠"，高、开、低、收四个价合为一个价，此时对买主来说，只是缘木求鱼而已，而只想告诉卖主一声，且慢出手。造成这种情况的原因不外乎一是突发性政策利好，反正造成巨单封涨停的假象就好，自己往外甩货，有时打开之后，根据市场分时走势状况用小量再拉上去。

吸货型、洗盘型和出货型的开过板的涨停板

反复打开涨停板的情况较为复杂，主要应从股价涨幅及大势冷暖两大方面研判：

（1）吸货型。多数处于近期无多大涨幅的低位，大势较好。低迷市、盘整市则无须在涨停板上高位吃货，特点是刚封板时可能有大买单挂在买一等处，是主力自己的，然后大单砸下，反正是对倒，肥水不流外人田，造成恐慌，诱人出货，主力再买，之后小手笔挂在买盘，反复振荡，有封不住的感觉。

（2）洗盘型。股价处于中位，有了一定的上涨幅度，为了提高市场成本，有时也为了高抛低吸，赚取差价，也会将自己的大买单砸漏或直接砸下面的接盘（不是主力自己的买盘），反复振荡，大势冷暖无所谓。

（3）出货型。股价已高，大势冷暖无所谓，因为越冷，越能吸引市场注意。此时买盘中就不能挂太多自己的单子了，因为是真出货，主力或者做出在撤单前要追涨买入的假象，就要使买盘积极踊跃，比如挂在买一已有100万股，你如想买1万股，则排在100万股后，即挂单变成101万，此时成交总数比如也是100万，那么到总手为201万时，你的1万股挂单就买进了，但如果那100万挂的买单有假，主力撤80万，那么总手在121万时，你的挂单就买进了，可再根据接下来的走势判断第二天是否止损出货。

但是，不要认为封涨停的主力都是主力在大力运作，有时仅是四两拨千斤而已。比如某天某股成交了 200 万股，并封涨停，可能主力仅动用了 20 万股，甚至 10 万股直拉至八九个点，而未触及涨停，尤其是早盘开盘不久，主力在吸引市场注意力和跟风盘之后就掉头向下，这往往是诱多，应快跑。今天封死在涨停，第二天低开，还是出货，因为今天进去的，明日低开没获利，不情愿出，主力要出在你前面，以免散户和庄家抢着卖，而今天没追进的，第二天以为捡了便宜，跟风买盘较多。不光是涨停板，有些尾市打高的，也是为了第二天低开，以便于出货。

7. 吸筹完毕步入拉升的盘口踪迹

具备下述特征之一就可初步判断庄家建仓已进入尾声，即将进行拉升。

（1）缩量便能涨停的次新股

新股上市后，相中新股的庄家进场吸货，经过一段时间收集，如果庄家用很少的资金就能轻松地拉出涨停，那就说明庄家筹码收集工作已近尾声，具备了控盘能力，可以随心所欲地控制盘面。

如图 4-28 所示：300215 电科院上市后在 35 元~40 元横盘振荡吸筹，于 2011 年 7 月 4 日小幅放量轻松涨停，创出上市来的新高，正式步入拉升，其后一个月即攀升至 58.88 元，涨幅几乎达到 50%。

（2）走出独立行情的股票

有的股票，大盘涨它不涨，大盘跌它不跌，这种情况通常表明大部分筹码已落入庄家囊中：当大势向下，有浮筹砸盘，庄家便把筹码托住，封死下跌空间，以防廉价筹码被人抢了去；大势向上或企稳，有游资抢盘，但庄家由于种种原因此时仍不想发动行情，于是便有凶狠的砸盘出现，封住股价的上涨空间，不让短线热钱打乱炒作计划。股票的 K 线形态就横向盘整，或沿均线小幅振荡盘升。

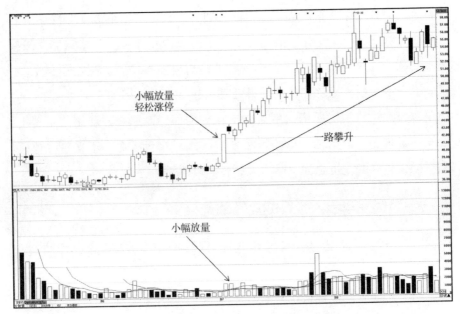

小幅放量
轻松涨停

一路攀升

小幅放量

图4-28　300215 电科院日 K 线图

　　如图 4-29 所示：600528 中铁二局在 2008 年底的 4 万亿救市行情中冲当领头羊，第一个发动行情引领大盘走出一波中极行情，2008 年全球都处在美国次贷危机的阴影下，各国股市大幅下跌，A 股自然不能独善其身，短短一年从 2007 年 10 月的 6124 点一气跌至 2008 年 10 月的 1664 点，跌幅达 70%，就在市场最恐慌、最绝望的时候，管理层出台了 4 万亿的救市方案，旨在拉动国内经济持续向好向稳发展，此时中铁二局已悄然盘出底部，在大盘继续下跌创出 1664 点新低时，该股却盘而不跌，成交量温和放大，先知先觉的资金已明显进场吸筹，待到大盘下跌企稳，将要筑底上升时，中铁二局已创新高，尽显龙头风范。

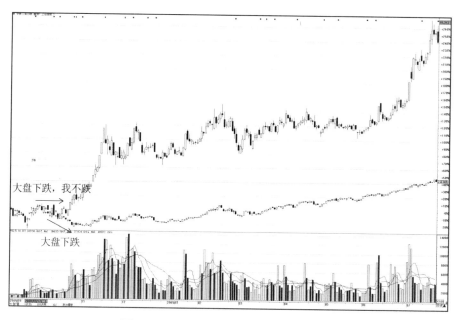

图 4-29　600528 中铁二局日 K 线图

（3）走势振荡成交萎缩的股票

庄家到了收集末期，为了洗掉短线获利盘，消磨散户持股信心，便用少量筹码作图。从日 K 线上看，股价起伏不定势，一会儿到了浪尖，一会儿到了谷底，但股价总是冲不破箱顶也跌不破箱底。而当日分时走势图上更是大幅振荡，给人一种莫名其妙、飘忽不定的感觉。成交量也极不规则，有时几分钟成交一笔，有时十几分钟才成交一笔，分时走势图画出横线或竖线，形成矩形，成交量也极度萎缩。上档抛压极轻、下档支撑有力，浮动筹码极少。

如图 4-30 所示：600766＊ST 园城主力庄家在拉升前图中方框内所示 K 线图，其 K 线大都有上下影线，这是主力吸筹后进行洗盘的经典 K 线图形，主力既不愿股价深幅下跌，又要达到洗盘振仓的效果，只有利用每日盘中分时走势上下振荡，忽涨忽跌，不断扰乱持股者的判断，打击折磨持股者的信心，以此达到洗盘目的。

191

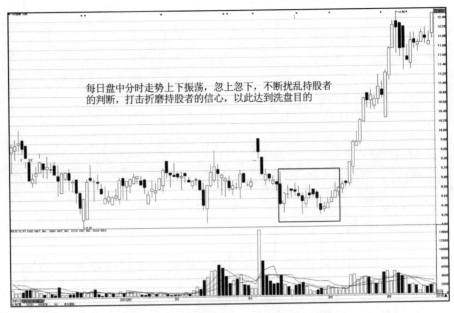

每日盘中分时走势上下振荡，忽上忽下，不断扰乱持股者的判断，打击折磨持股者的信心，以此达到洗盘目的

图 4-30　600766 * ST 园城日 K 线图

（4）该跌不跌的股票

突发性利空袭来，庄家措手不及，散户筹码可以抛了就跑，而庄家却只能兜着。于是盘面可以看到利空袭来当日，开盘后抛盘很多而接盘更多，不久抛盘减少，股价企稳。由于害怕散户捡到便宜筹码，第二日股价又被庄家早早地拉升到原来的水平。

如图 4-31 所示：000906 南方建材该股主力借利空打压洗盘，放量破位下跌后第二日即快速上涨复位，该跌不跌，理应上涨，随后主力逆势进入拉升，成为当时市场上的明星股。

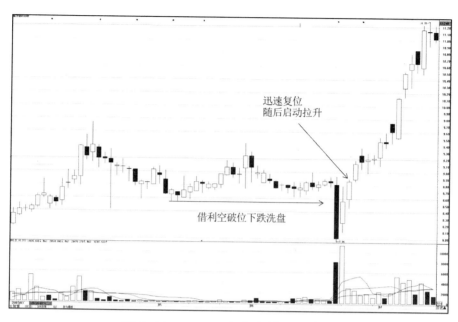

迅速复位
随后启动拉升

借利空破位下跌洗盘

图 4-31　000906 南方建材日 K 线图

8. 实用的盘口技术准则

盯盘要诀：如何在盘口观察市场，研判市场变化，盘口的语言很丰富，不同时期，主力的盘中手法不一样。

（1）在上午开盘时成交量急速放大，且形态较好的个股. 可在分时走势图中即时买进。不放量不买。

（2）涨幅榜居前的同类强势个股，可寻机买进。

（3）今天继续强势的前一天强势股，可逢低买入，强者恒强。

（4）低开后平稳上涨且有大手笔成交的个股，可伺机买进。

（5）尾盘进入 60 分钟涨幅排名榜（前 20 名）的个股，可今买明卖。

（6）盘中涨幅不多而突然放量上涨的个股，可及时买进。

（7）炒股票必须把握好成交量剧增的个股及同类股的良机，趁热打铁（买就买热点）。

（8）对于那些首次进入成交量排行榜，股价又涨的股票须有买进的准备；对于那些首次进入成交量排行榜，股价又跌的股票应有出货的考虑。

（9）开盘大幅低开后，走高至涨停（特别在大盘不太强时），可在分时走势中及时跟进。

（10）每周第一天收盘往往与本周周线收盘相吻合，即同阴阳，可关注。

（11）每月第一天收盘往往与本月月线收盘相吻合，即同阴阳，可关注。

（12）上午不论何种原因停盘的股票，复盘后只要不涨停立即卖掉（无论好坏消息）。

（13）第一天出现"小猫钓鱼"走势，可大胆跟进并持有，一旦"钓鱼线"反抽必须卖掉。要斩就早斩，要追就早追，犹豫不决，股市大忌逢高不出货，套牢不斩仓，热点转移不换手，这是才解套又被套的亏损股民共有的特性。

（14）在上午临收盘时成交稀少且弱于大盘走势的个股，应逢高了结。

（15）前一天上涨靠前，而今日弱势调整的个股，说明庄家实力较弱，应退出为上。

（16）高开低走且有大手笔成交的个股，必须即时卖出。

（17）尾盘进入60分钟跌幅榜的个股，必须先卖掉，恐有利空。

（18）在强势时，可在周初重仓，而在周末轻仓，并养成一种习惯，但在敏感区域必须空仓。

（19）在弱势时，可在周中小仓，而在周末平仓，并养成一种习惯，最好不要全仓，逆市有风险！

（20）在平势时，可在周一小仓，而在周中平仓，并养成一种习惯，最好不要全仓，逆市有风险！

（21）每次个股大涨之后的第二天上午10：30以前5浪不封涨停板则出货，特别在平衡市中要见利即出。

（22）股市容易在每日下午 14：30 分后开始出现大波动，买卖须在此时观察清楚后再采取行动！最后一分钟买入，风险只有一分钟。

（23）应付股市的突然变化，唯一的方法就是果断斩仓，壮士断臂！

（24）中国股市只要大幅高开，先出总没错！

（25）大盘跌的时候，内盘大于外盘会下跌，而且两者差异愈悬殊则跌幅愈大。

（26）当第一个跌停板出现以后要有警觉心，特别同板块的股票应做先行出货的考虑。

（27）当个股即将触及跌停板前，应先做最坏的打算（即先出来），不可有反弹回升的幻想。

（28）以上两条出现跌停的股票如若是龙头或领涨股，则必须不打折扣立即逃跑，涨跌停板具有极强的传染性。

（29）带量冲关之后如被拉回，必跌幅不浅（尤其弱市），逃顶卖货！

（30）高开低走，并且均价线向下，反抽必卖。

（31）高开高走不涨停，先卖掉。

（32）分时走势图中出现数次急跌拉回，小心庄家砸盘出货。

（33）分时走势图中出现冲高回落走势并于上午伴有较大成交量，只要不涨停，5 浪或拐头时先出货。

（34）当股价跌破前一天涨停板价时，说明前一天的涨停毫无意义，就是最后一涨！

（35）炒股：不需要什么提前预测，也不需要到处打听消息，只要看懂了盘面，就能轻轻松松逃顶和抄底——盘面反映一切！

（36）在相对高位区，"事故多发地带"散户应采取"一看二慢三通过"和"宁等三分不抢一秒"及"卖要坚决、买要谨慎、割肉要狠、止损要快"的策略！

9. 看盘秘诀十八条

（1）大盘股（白线）上涨得比小盘股（黄线）快，要出现回调，而黄线上涨比白线快，则会带动白线上涨。

（2）涨跌比率大于1而大盘跌，表明空方势强，反之多方强，此状况高位看跌、低位看涨。

（3）成交量大的股票开始走软，或者前期股市的热门板块走软，当小心行情已接近尾声。

（4）股票已经走软，市场在热点消失还没有出现新市场热点的时候，不要轻易去买股票。

（5）成交量屡创天量，而股价涨幅不大，应随时考虑派发，反之成交量极度萎缩不要轻易抛出股票。

（6）大盘5分钟成交明细若出现价量配合理想当看好后市，反之要小心。

（7）成交量若上午太小，则下午反弹的机会多；如上午太大，则下午下跌概率大。

（8）操作时间最好在下午，因为下午操作有上午的盘子做依托，运用60分钟K线分析，可靠性好。

（9）上涨的股票若压盘出奇的大，但最终被消灭，表明仍会上涨。

（10）一般股票的升跌贴着均价运行，若发生背离将会出现反转。

（11）盘面经常出现大手笔买卖，买进时一下吃高几个档位，表明主力机构在扫货。

（12）个股在盘整或下跌时，内盘大于外盘，且阴线实体小，成交量大，日后该股有行情的可能性大；大盘暴跌，而该股没跌多少或者根本没跌，下档接盘强，成交放得很大，后市有戏的可能性大。

（13）股价上冲的时间多于下跌的时间，当看好该股。

（14）在下跌的势道里，应选逆势股；在上涨的势道里，应选大手笔买卖的股票。

（15）开盘数分钟就把股价往上直拉，而均线没有跟上，往往都是以当天拉升失败，收长上影的形式而告终。

（16）当日下跌放巨量，但收的阴线实体不大，而且大部分时间在前一天收盘以上运行，第二天涨的机会多。

（17）涨幅在5%~7%以上，内盘大于外盘，高点不断创新，低点不断抬高，说明有主力机构在进货。

（18）分价表若是均匀分布说明机构不在里面，否则有机构介入。

第五章
如何从盘面中识别主力伎俩

第一节　从盘面中识别主力伎俩（上）

1. 收盘前快速下砸

在全日收盘前突然连续出现几笔大卖单以很低的价位抛出，把股价砸至很低位，其目的是：

（1）使日 K 线形成光脚大阴线，或十字星，或阴线等较"难看"的图形，使持股者恐惧而达到振仓的目的。

（2）使第二日能够高开并大涨而跻身升幅榜，吸引投资者的注意。

（3）操盘手把股票低价位卖给自己或关联人。

（4）为日后拉高出货打下基础。

如图 5-1、图 5-2 所示。

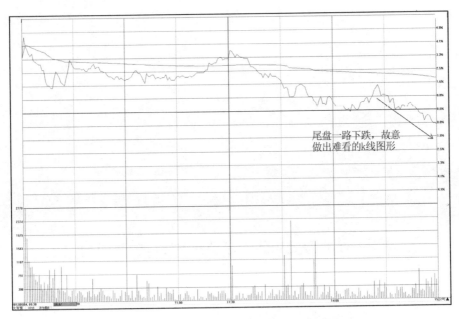

图 5-1　600558 大西洋分时曲线图

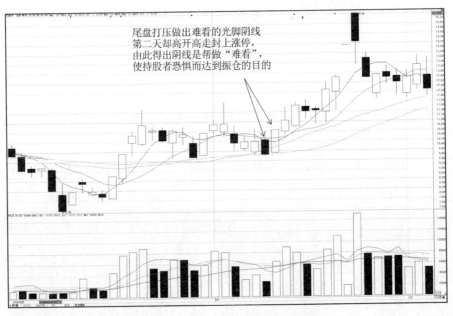

图 5-2　600558 大西洋 K 线图

2. 盘中快速大幅拉高

主要为做出长上影线，快速大幅拉高，盘中以涨停或很大升幅一次拉高，但瞬间又回落。其目的是：

（1）试盘动作，试上方抛盘是否沉重。

（2）试盘动作，试下方接盘的支撑力及市场关注度。

（3）操盘手把筹码低价卖给自己或关联人。

（4）为主力拉高出货做掩护，掩人耳目。

如图 5-3、图 5-4 所示。

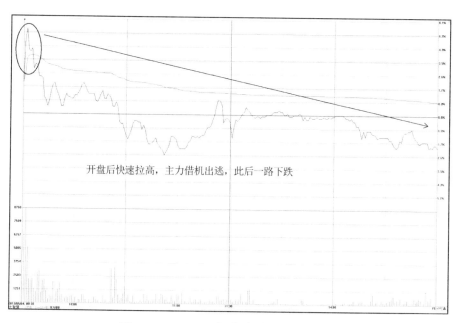

开盘后快速拉高，主力借机出逃，此后一路下跌

图 5-3　000993 闽东电力分时曲线图

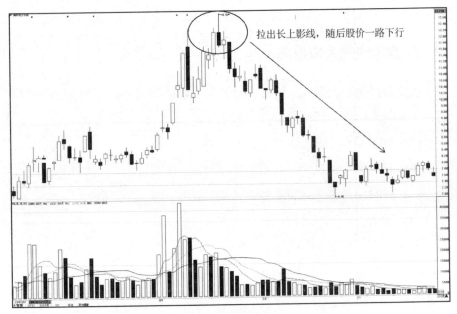

拉出长上影线，随后股价一路下行

图 5-4　000993 闽东电力日 K 线图

3．识别骗人的向上突破

（1）从某只个股的日 K 线图表上看，自底部算起，这类个股的累计涨幅一般已经相当大，通常已经具有 80% 左右的上涨幅度。

（2）这类个股的庄家既然已经把它拉至高位，且手中筹码又没脱手，就形成了一个高位平台，然后一边护盘一边出货。

（3）经过一段时间的横盘，当该股的庄家已经卖出了大部分筹码后，便再次快速拉抬股价令其创出新高，制造出再次向上突破的假象。

（4）当该类股票再次向上突破并再创新高之时，跟风盘会不请自到，一拥而入。

（5）主力庄家看到这种情况，心里自然高兴，他就是要利用市场看好还有一波行情的气氛时进行派发。

（6）派发时一般是大笔资金出货，小笔资金拉抬。虽然出货的价格并非在最高位，但足以实现预定目标了。

（7）出货完毕后，该股会阴跌不止，毫无支撑点位。

（8）这类个股的最大特点是：往上突破之时，阳线实体太短，通常有上影线。同时，换手率太过惊人，放量最大的 3 天的换手率一般高达 30%以上。

如图 5-5 所示：600289 亿阳信通经历长达 40 余天的高位横盘后，于 4 月 16 日放量创出新高，很有攻城拔寨、斩关夺旗的气势，无奈这只是主力构筑的诱多陷阱。

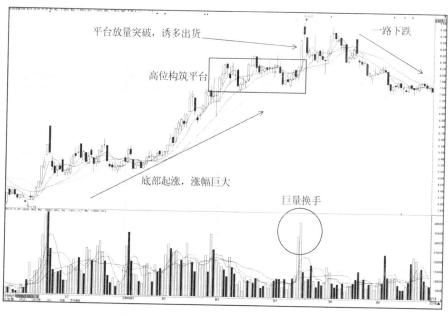

图 5-5　600289 亿阳信通日 K 线图

4. 盘口对比识强庄

（1）在实时盘口中，当大盘下跌时，个股不跌或小跌，大盘小涨，个股却大涨，此为强势股主要特征之一，如发现可加入自选股，密切关注。

（2）在实时盘口中，大盘成交量与前几日持平，但个股却明显放量，如有强势特征，可果断介入，一般都买在主力拉升点。

（3）在实时盘口中，大盘在放量，个股却缩量，如强势不跌，则表明主力正在逆市洗盘，可择机介入。如图5-6所示：002646青青稞酒开盘后底部渐渐抬高，逐波上涨，而此时大盘却呈弱势下跌，待到量能逐渐萎缩，即将企稳之时，青青稞酒迅速放量拉升，创出盘中新高，此时为介入良机，该股最终以涨停报收。

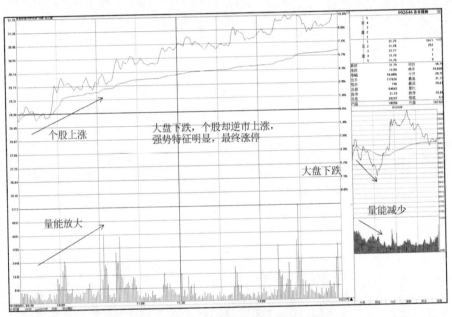

图5-6　002646青青稞酒分时曲线图

如图5-7所示：600157永泰能源在大盘2波快速下跌时仅仅缩量小跌，表明盘中筹码锁定较好，一旦大盘企稳，主力将顺势拉升。图中主力2次拉至涨停价位，虽没封住，但表明主力做多意愿坚决，尾盘又逢大盘跳水，但该股始终运行在均价线之上，于收盘时大涨8.39%。

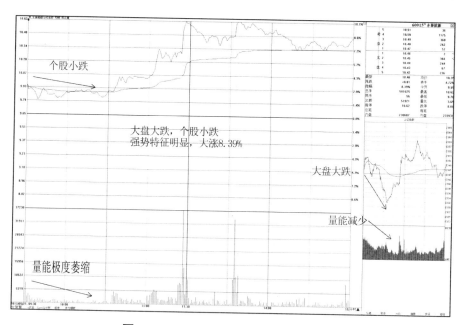

个股小跌

大盘大跌，个股小跌
强势特征明显，大涨8.39%

大盘大跌

量能减少

量能极度萎缩

图5-7　600157永泰能源分时曲线图

第二节 从盘面中识别主力伎俩（中）

1. 庄家出货三种手法

（1）振荡出货法

在高价区反复制造振荡，让散户误以为只是在整理而已，于振荡中慢慢分批出货。这种出货时间长，常用于大盘股或重要的指标股出货操作。

如图 5-8 所示。

（2）拉高出货法

发布突发性的重大利好消息，之后巨幅高开，吸引散户全面跟进，这时一边放量对倒，一边出货，往往一两天就完成出货操作。这种出货方式要求人气旺盛，消息刺激性强，适合中小盘股操作。但这种出货方式庄家风险很大，只能在行情较为火爆时才能稍有把握成功出货。

如图 5-9、图 5-10 所示。

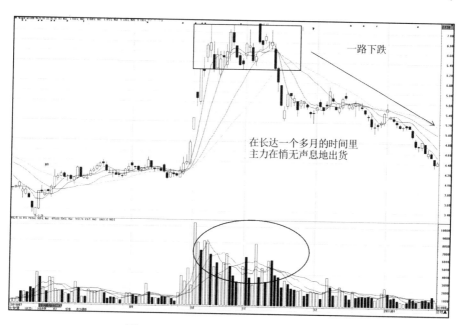

图 5-8 601899 紫金矿业日 K 线图

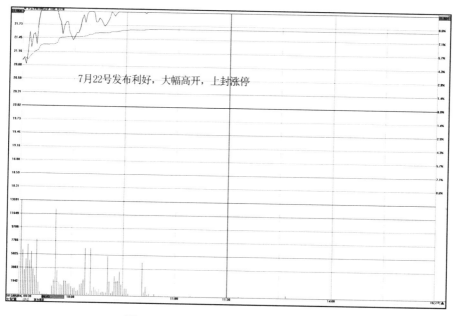

图 5-9 000975 科学城分时曲线图

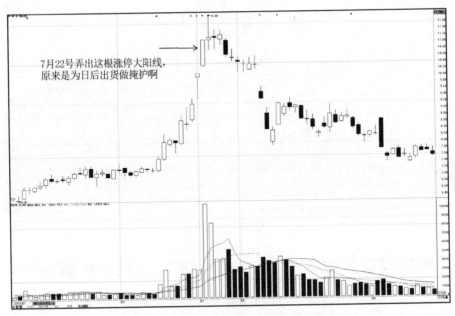

7月22号弄出这根涨停大阳线，原来是为日后出货做掩护啊

图 5-10   000975 科学城日 K 线图

（3）打压出货法

直接打压股价出货。这种情况的出现，往往因为庄家发现了突发性的利空，或者某种原因迫使庄家迅速撤庄。投资者千万别以为庄家只有拉高股价才能出货，事实上庄家持股成本远远低于大众持股水平，即使打压出货也有丰厚利润。这种出货方式阴险毒辣，容易将股性搞坏，一般庄家不愿采用，但万不得已时也会出现。

如图 5-11、图 5-12 所示。

在实战中主力出货的手法千变万化，还需要我们自己不断总结，最终以不变应万变。

图 5-11　000561 江西长运日 K 线图

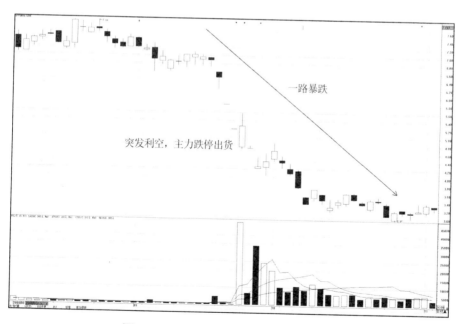

图 5-12　600887 伊利股份日 K 线图

2. 空头陷阱

所谓空头陷阱，简单地说就是市场主流资金大力做空，通过盘面中显露出明显疲弱的形态，诱使投资者得出股市将继续大幅下跌的结论，并恐慌性抛售的市场情况。股价急转直下，热门股纷纷跳水，指数连续快速地下跌，这时投资者更要谨防空头陷阱。对于空头陷阱的判别主要是从消息面、资金面、技术分析等方面进行综合分析研判。

（1）从消息面上分析。主力资金往往会利用宣传的优势，营造做空的氛围，所以当投资者遇到市场利空不断时，反而要格外小心。因为，正是在各种利空消息满天飞的重压之下，主流资金才可以很方便地建仓。

（2）从技术形态上分析。空头陷阱在 K 线走势上的特征往往是连续几根长阴线暴跌，贯穿各种强支撑位，有时甚至伴随向下跳空缺口，引发市场中恐慌情绪的连锁反应；在形态分析上，空头陷阱常常会故意引发技术形态的破位，让投资者误以为后市下跌空间巨大，而纷纷抛出手中持股，从而使主力可以在低位承接大量的廉价股票。

（3）从成交量分析。空头陷阱在成交量上的特征是随着股价的持续性下跌，量能始终处于不规则萎缩中，有时盘面上甚至会出现无量空跌或无量暴跌现象，盘中个股成交也是十分不活跃，给投资者营造出阴跌走势遥遥无期的氛围。恰恰在这种制造悲观的氛围中，主力往往可以轻松地逢低建仓，从而构成空头陷阱。

如图 5-13、图 5-14、图 5-15 所示：

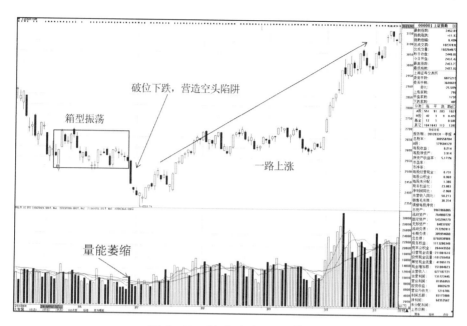

图 5-13　沪市大盘日 K 线图

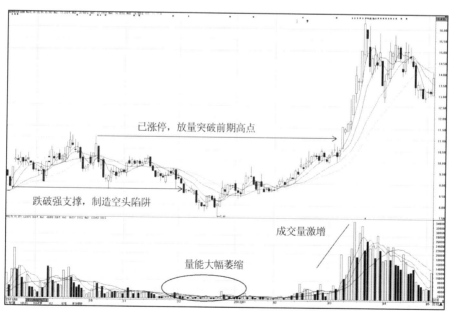

图 5-14　002288 超华科技日 K 线图

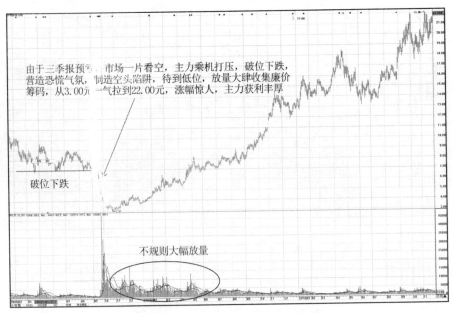

由于三季报预亏，市场一片看空，主力乘机打压，破位下跌，营造恐慌气氛，制造空头陷阱，待到低位，放量大肆收集廉价筹码，从3.00元一气拉到22.00元，涨幅惊人，主力获利丰厚

破位下跌

不规则大幅放量

图 5-15　600887 伊利股份日 K 线图

3. 盘口量能的含义

做股票一段时间后，我们经常听到的一句话就是：量在价先。久而久之我们往往容易形成一种思维定式——只要有成交量在，什么都好办！其实，一只股票成交量的放大与缩小，很多时候预示着股价将来一段时间的走势，更重要的是不同时段的量能有着不同的含义。

无论是做中长线还是做短线，如发现突发巨量，尤其是在高位，此时你就得警惕了，判断识别是否到顶了。

如图 5-16、图 5-17 所示。

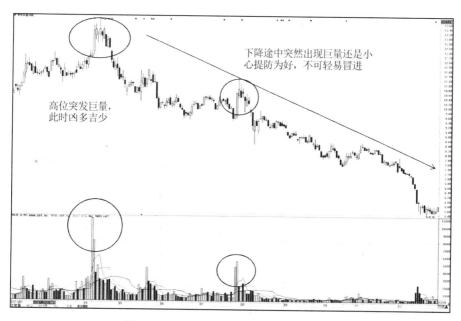

图 5-16　600595 中孚实业日 K 线图

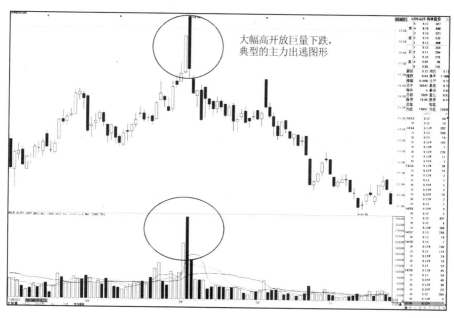

图 5-17　600469 风神股份日 K 线图

4. 大单在主力运作中的市场含义

大单是在盘中发现主力的重要依据之一，尽管主力刻意利用对倒等手段来制造虚假的大单交易，但大单分析在整个盘口分析中的价值还是不容忽视。经笔者多年实战总结，盘口大单细分为：突然大单、连续大单、大单压托、扫盘垫单、砸盘压单、密集成交、主买大单、主卖大单、压盘托盘等，下面一一讲解。

（1）突然大单，单笔换手在 0.5% 以上，在上升趋势中，多为主力启动拉升时的对倒盘或主动性扫盘；在下降趋势中，多为主力的抛盘或市场的恐慌盘。

（2）连续大单，单笔换手在 0.05% 以上，连续 3 笔以上，其市场含义和突然大单类似，都为有目的性的成交单。

（3）大单压托、压盘托盘，这是发现主力运作的重要依据，当主力要吸筹时会在卖一至卖五都挂上大单，显示压力重重，引诱恐慌盘卖出，可大肆收集廉价筹码。反之，如要出货，则在买一至买五上挂出大单，造成买盘积极的假象，引诱散户接盘。

（4）密集成交，这是主力拉升前的行为之一，当卖一上挂出大单（市场上的单子）后，主力用小单密集地向大卖单打去，逐渐吃掉大卖单后迅速拉升，其含义为主力拉升时不愿意市场的买盘跟风。拉升动作较为隐秘，多为吸货末期、拉升初期的盘口现象，在洗盘末期即将启动拉升时也时常用到该手法。

（5）主买大单、主卖大单，这主要是主力在拉升和出货砸盘时出现的大单交易，其含义和突然大单类似。

（6）扫盘垫单、砸盘压单，和主买、主卖大单类似，是主力启动拉升和恐慌砸盘时较常出现的手法之一。

第三节　从盘面中识别主力伎俩（下）

1. 高位"吊颈线"

吊颈线——就是实体非常短小、基本上没有上影，同时下影线却极长的 K 线。股票在当天的相对高位开盘后无力继续上冲，出现较大幅度的回调，但尾市又得到主力的拉抬而收于开盘价位附近。

（1）高位"吊颈线"一般出现在股价持续攀升了一段时间之后。由于总体升幅太大，买盘不足，同时获利盘获利了结的欲望开始增强。

（2）此时主力也加大了出货的力度，于是卖盘增加，买盘减少，造成接盘无力，股价走低，有时甚至下跌到前一天的收盘价之下。

（3）由于短时跌幅较大，一些原来看好该股却不敢追高买进的投资者此时总算等到了"逢低吸纳"的良机，抓紧时机入市捡货，主力也顺势拉高。

（4）主力拉抬价格，并不是想要继续推升股价，而是为了掩护第二天出货。因此第二天股价多半无法继续上攻，往往是向下跳空低开，开盘之后即开始逐步走低。

（5）高位"吊颈线"一般出现在连续涨停之后。这时主力会利用一切骗人的手段，花样百出，努力让 K 线看上去完美，但无论如何都掩盖不了主力出逃这一事实。

高位"吊颈线"在实战中非常具有警示意义，一旦出现，持股的投资者应该在当天尾市拉高时坚决清仓。

如图 5-18、图 5-19、图 5-20、图 5-21 所示。

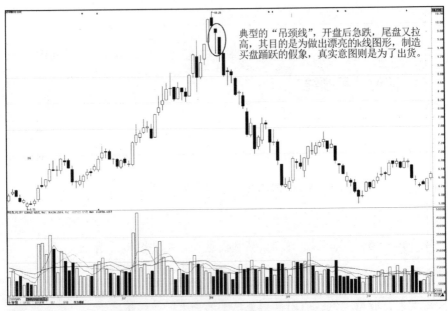

典型的"吊颈线"，开盘后急跌，尾盘又拉高，其目的是为做出漂亮的k线图形，制造买盘踊跃的假象，真实意图则是为了出货。

图 5-18   600005 武钢股份日 K 线图

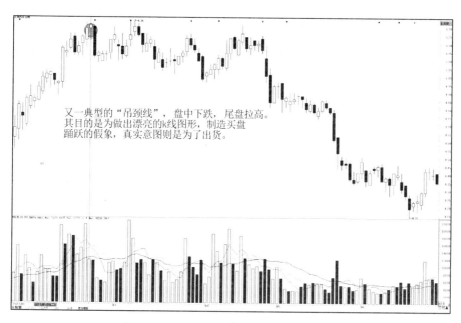

又一典型的"吊颈线"，盘中下跌，尾盘拉高。
其目的是为做出漂亮的k线图形，制造买盘
踊跃的假象，真实意图则是为了出货。

图 5-19　600006 东风汽车日 K 线图

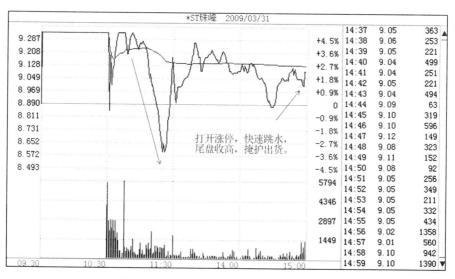

打开涨停，快速跳水，
尾盘收高，掩护出货。

图 5-20　600338 ＊ST 珠峰分时曲线图

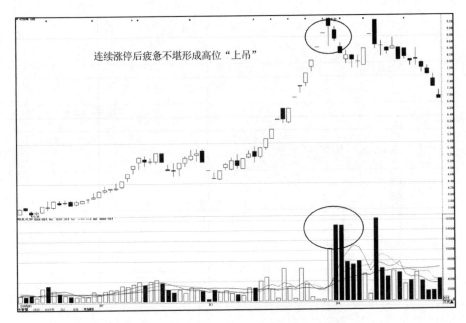

连续涨停后疲惫不堪形成高位"上吊"

图 5-21　600338 * ST 珠峰日 K 线图

2. 空方衰竭及买入信号

（1）地量见地价。股市里主力机构的手法多种多样，可谓"乱花渐欲迷人眼"，唯有成交量是忠诚的。股票下跌一段时间后，在惜售心理和惧买心理同样严重的情况下，往往会出现盘面的极度沉闷，具体表现为量能极度萎缩、买卖清淡等。而此时恰恰是空方衰竭和股价见底的时候，这样的股票需要我们高度关注，我们要关注的是转机何时能够来临，这个转机就是量能的放大。无论 K 线形态多么难看（N 连阴），只要在持续的缩量后，某天突然放量，我们要敢于在第一时间果断买入，赢在起涨点上。

（2）股价连续下跌，跌幅已经逐渐缩小，且成交极度萎缩；或横盘一段时间，其间 K 线阴阳交错，阳多阴少。若成交突然变大且价涨，并出现高换手时，即表示有主力资金进场吃货，这时我们就应该果断买进。

（3）股价由跌势转为涨势初期，成交量逐渐放大，并保持较高换手率，形成价涨量增，均线系统呈向上发散趋势，暗示后市看好，新高可期，宜果断买进。

实战中，上述几点要综合应用，对于符合条件的股票要大胆买入，果断进场。

如图 5-22、图 5-23、图 5-24 所示。

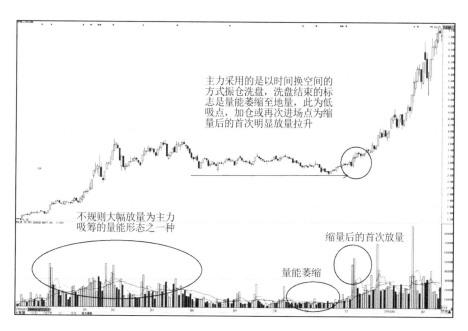

主力采用的是以时间换空间的方式振仓洗盘，洗盘结束的标志是量能萎缩至地量，此为低吸点，加仓或再次进场点为缩量后的首次明显放量拉升

不规则大幅放量为主力吸筹的量能形态之一种

缩量后的首次放量

量能萎缩

图 5-22　600528 中铁二局日 K 线图

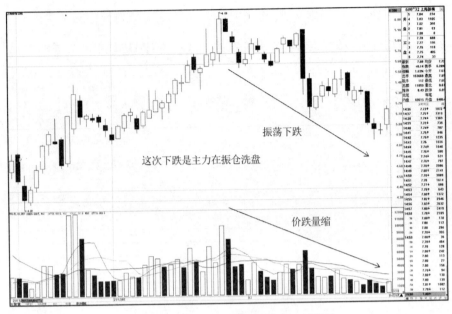

振荡下跌

这次下跌是主力在振仓洗盘

价跌量缩

图 5-23　600732 上海新梅日 K 线图

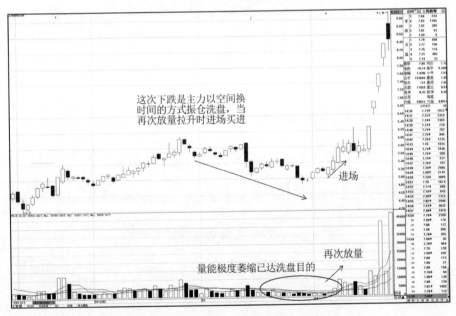

这次下跌是主力以空间换
时间的方式振仓洗盘，当
再次放量拉升时进场买进

进场

再次放量

量能极度萎缩己达洗盘目的

图 5-24　600732 上海新梅日 K 线图

3. 主力进场的信号

投资者进入股市，首要的目的就是获取差价，都希望自己买入的股票能涨，能连续不停地上涨。那么，怎样才能买到连续上涨的股票呢？个股的涨跌固然有其自身的特殊规律，但除此之外，更重要的是有无主力。众所周知，个股的上涨，靠的是资金推动，仅靠我们中小投资者手中有限的资金是做不到这点的。俗话说得好，庄家选股散户选庄。因此，要想买到能够连续上涨的股票，必须关注主力的动向，所谓"炒股要听主力的话"。

那么，主力入场有什么表现？怎样才能买到有主力关注的个股呢？古人云："若要人不知，除非己莫为。"只要我们细心观察，是可以及早发现主力关注的个股的。综合起来看，笔者觉得从以下几个方面多少可以看出主力的动向。

（1）分时图上忽上忽下，盘中经常出现100手以上的买盘。

（2）换手非常活跃，呈增加趋势。

（3）原先成交极度萎靡，某天起成交量逐步放大。

（4）股价在低位整理时出现逐渐放量。

（5）在5分钟、15分钟等分时K线图上经常出现一连串的小阳线。

（6）大盘急跌它盘跌，大盘大跌它小跌，大盘横盘它微升，大盘反弹时，它强劲反弹，且成交量放大。

（7）股价回落的幅度明显小于大盘。

实战中，投资者只要胆大心细，发现主力的蛛丝马迹，紧跟主力的步伐，使自己的投资收益最大化是可以实现的。

如图5-25、图5-26、图5-27所示。

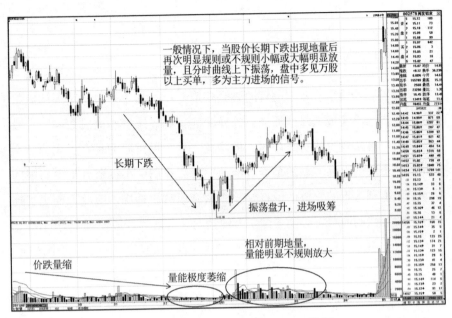

一般情况下，当股价长期下跌出现地量后
再次明显规则或不规则小幅或大幅明显放
量，且分时曲线上下振荡，盘中多见万股
以上买单，多为主力进场的信号。

长期下跌

振荡盘升，进场吸筹

相对前期地量，
量能明显不规则放大

价跌量缩

量能极度萎缩

图 5-25   002578 闽发铝业日 K 线图

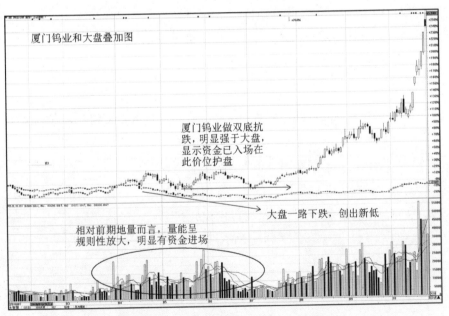

厦门钨业和大盘叠加图

厦门钨业做双底抗
跌，明显强于大盘，
显示资金已入场在
此价位护盘

大盘一路下跌，创出新低

相对前期地量而言，量能呈
规则性放大，明显有资金进场

图 5-26   600549 厦门钨业日 K 线图

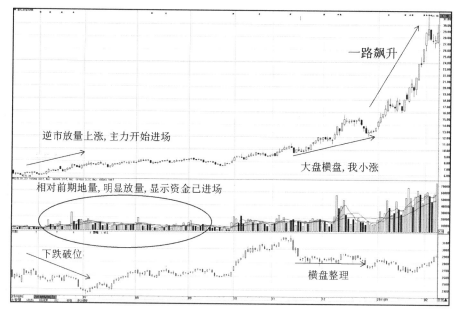

图 5-27　601002 晋亿实业日 K 线图

4. 用盘口语言判断主力出货的技巧

主力盘口出货时的现象：

（1）市场成交相对拉升期较为稀少。

（2）上方卖一、卖二、卖三、卖四、卖五的挂单很少。

（3）下方买一、买二、买三上的挂单也不多，但在买四、买五上出现大的挂单。

（4）突然盘口出现主动性卖出大单进行砸盘，但仅限于一两笔大单砸盘，随后股价又基本上恢复到原位，上下档挂单也基本上恢复原状，也就是恢复到下方买一、买二、买三上的挂单较少，但在买四、买五上出现大的买单这一状态，同时，买一、买二、买三时不时地出现稍大一些的挂单，给人一种买盘比较踊跃的感觉。

盘口语言解密：

（1）突然的主动性大单卖出，可以有两种可能情况，一是主力自己大单卖出，二是主力以外的资金大单卖出。

（2）市场中的小单多是真实性的交易，所以盘口上的买盘小挂单一般是市场普通投资者所为，而下方的三档处的大挂买单，则肯定是主力所为。

（3）如果突然成交的大卖单不是主力所为，按照主力的操盘作风和运作手法，主力发现市场上有大单在抛售，是不会再次挂出大单去主动承接抛盘的，主力会采取让市场慢慢去消化，哪怕股价下跌，主力也不会在乎。因此，从主力多次在买三上挂大单去承接抛盘的现象来看，上面突然的大单卖出，应该是主力所为，也就是说主力在出逃。但是，主力又不想做得太显眼，因此，一两笔大单卖出以后，主力又会休息、维护股价相对稳定，在买三上继续挂出大单，同时在买一、买二处也偶尔挂出一些小单迷惑散户，给市场一种买盘积极的感觉，从而诱惑一些想买该股的人主动在买一、买二上挂单（因为主力大单是挂在买三的，目的就是要引诱散户挂在他的前面），一旦买一、买二的挂单差不多有一定数量了，上方的大单砸盘又会突然出现。如此循环并加上盘口的适当变化，达到主力悄悄出货的目的。

操作策略：这样的股票不碰，如果持有该股，建议逢高卖出为佳。

第六章
复盘的艺术

第一节　复盘的技巧

1. 静态复盘

静态复盘就是利用收盘后静止状态再看一遍市场全貌，针对你白天动态盯盘来不及观察、来不及总结等情况，在收盘后进行一次翻阅各个环节，进一步明确哪些个股资金在流进，哪些个股资金在流出，主力出逃、大盘的抛压主要来自哪里，大盘做多动能又来自哪里，它们是不是有行业、板块的联系，产生这些情况的原因是什么？哪些个股正处于上涨的黄金时期，哪些个股即将形成完美突破，大盘今日涨跌的主要原因是什么等情况，需要你重新对市场进行复合一遍，以了解市场的变化。

良好的盘感是投资股票的必备条件，盘感是由实盘交易和复盘训练结合而成，需要刻苦训练。通过训练，大多数人会进步。如何训练盘感，可从以下几个方面进行。

（1）坚持每天复盘，并按自己的选股方法选出目标个股。复盘的重点在浏览所有个股走势，在复盘过程中选出的个股，既符合自己的选股方法，又与目前的市场热点具有共性，有板块、行业的联动，后市走强的概率才高。复盘后你会从个股的趋同性发现大盘的趋势，从个股的趋同性发现板块。

（2）对当天涨幅、跌幅在前的个股再一次认真浏览，找出个股走强（走弱）的原因，发现你认为的买入（卖出）信号。对符合买入条件的个股，可进入你的备选股票池并予以跟踪。

（3）实盘中主要做到跟踪你的目标股的实时走势，明确了解其当日开、收、最高、最低的具体含义，以及盘中主力的上拉、抛售、护盘等实际情况，了解量价关系是否正常等。

（4）条件反射训练，找出一些经典底部启动个股的走势，不断地刺激自己的大脑。

（5）训练自己每日快速浏览动态大盘情况。

（6）最核心的是有一套适合自己的操作方法，特别适合自己。方法又来自上面的这些训练。

第二节 复盘的一般步骤

1. 观察两市涨跌幅榜

（1）对照大盘走势，与大盘比较强弱，了解主力参与程度，包括其攻击、护盘、打压、不参与等情况，了解个股量价关系是否正常，主力拉抬或打压时的动作、真实性以及其目的用意，了解一般投资者的参与程度和热情。

（2）了解当日 K 线在日 K 线图中的位置、含义，再看周 K 线和月 K 线，在时间上、空间上了解主力参与程度、用意和状态。

（3）对涨幅前两板和跌幅后两板的个股要看得特别仔细，了解哪些个股在悄悄走强，哪些个股已是强弓之弩，哪些个股在不计成本地出逃，哪些个股正在突破启动，哪些个股正在强劲地冲盘，也就是说，有点像人口普查，了解各部分的状态，这样才能对整个大盘的情况基本上了解大概。

看涨幅在前两板的个股，看它们之间有哪些个股存在板块、行业等联系，了解资金在流进哪些行业和板块；看跌幅在后的两板，看哪些个股资金在流出，是否具有板块和行业的联系，了解主力做空的板块。需要说明的是看几板主要是看当日行情的大小，行情好则多看几板，行情不好则看前后两板就可以了。

2. 观察自己的自选股（包括当日选入的）

观察大盘和个股是不是按照自己预想的在走，检验自己的选股方法，有哪些错误，为什么出错，找出原因，加以改进。看那些已经出现买点（买点必须自己定，按照什么标准买也必须自己定）的个股，你要做一个投资计划，包括怎么样的情况、怎么买、买多少、多少价格、止损位设置等。

3. 观察大盘走势

主要分析收阴收阳的情况、成交量情况，与前一天相比涨跌的情况，整个量价关系是否正常，在日 K 线的位置、含义，看整个日 K 线的整体趋势，判断是否可以参与个股行情，能否出现中线波段机会，目前大盘处于哪一级趋势的哪个阶段。看当日大盘波动情况，个股什么时候在拉抬，什么时候在打压，拉抬是哪些股，打压又是哪些股，它们对大盘的影响力又是如何。看涨、看跌、看平的个股家数，了解大盘涨跌是否正常。了解流通市值前 10 名个股的运作情况，以及对大盘的影响，如果不是大盘权重股影响大盘的话，得找出影响大盘的板块。了解大盘当日的高低点含义，了解大盘的阻力和支持位，了解大盘在什么位置有吸盘和抛压，了解哪些个股在大盘打压之前先打压，哪些个股在大盘打压末期先止跌企稳并启动。

综合排名榜，市场各要素都展现在这里，哪些个股最活跃，哪些个股出逃最强烈，哪些个股在拉尾市做收盘，哪些在尾市打压制造恐慌假象，哪些个股盘轻如燕，哪些步履蹒跚，综合排名榜可谓是主力的照妖镜。

别忘了还要关注其他市场和其他品种的情况，如：回购情况、国债情况、B 股情况、外盘情况、商品期货情况，等等，它们反映了什么样的资金面以及对股市大盘的影响情况。

掌握基本要素和复盘熟练的要求后，你的盘面感觉肯定是不同的。反复训练后，可加快速度，翻阅个股也不必要看全部，看涨跌榜前后几板、权重股、自选股等就可以了。复盘是辛苦的，但只有苦尽才能甘来。

第三节　高效率的动态复盘法

1. 什么叫动态复盘法

以上讲解了静态复盘的含义和大致方法，这种静态复盘是市场上运用最普遍的复盘方法，虽有价值但人所尽知，要想利用它来创造巨大盈利几乎不可能，只有在熟练运用静态复盘的基础上，再结合笔者独创的动态复盘法加以强化训练，其训练一月可达常人一年功效，训练一年可达到常人十年的炒股功力（注：就笔者所知，目前只有少数人在使用动态复盘法，公开发表的只有马博著作《从亏损到盈利》中有专门的讲解）。

现以投资市场上人尽皆知、耳熟能详的 KDJ 随机指标作为辅助判断，取任意一只股票（包括美股、日股、港股等）任意一个时间段开始，一天一天地往下移动，就像是实时操盘那样，下一根 K 线永远都是未知的，以此来训练自己实战操盘的能力，这就是动态复盘法。为了方便读者学习，所有讲解都附在图表中，这样更直观，效果更好。以此作为本章收尾，献给苦战在操盘第一线的广大股民朋友。

2. 动态复盘法的具体应用

现随机点取 000753 漳州发展以 2008 年 5 月 22 日作为开始操盘日，进行动态复盘，所有开平仓点都以收盘价为准，以便讲解（实盘中可在盘中决定买卖点）。如图 6-1、图 6-2、图 6-3、图 6-4、图 6-5、图 6-6、图 6-7、图 6-8、图 6-9、图 6-10、图 6-11、图 6-12、图 6-13、图 6-14、图6-15、图 6-16、图 6-17、图 6-18、图 6-19、图 6-20、图 6-21、图6-22、图 6-23、图 6-24、图 6-25、图 6-26、图 6-27、图 6-28、图 6-29 所示。

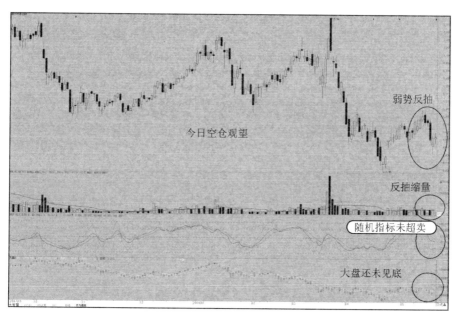

图 6-1　000753 漳州发展 2008 年 5 月 22 日日 K 线图

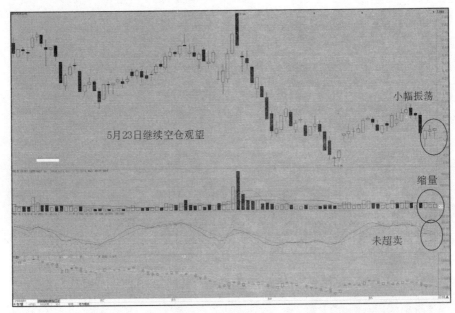

图 6-2　000753 漳州发展 2008 年 5 月 23 日日 K 线图

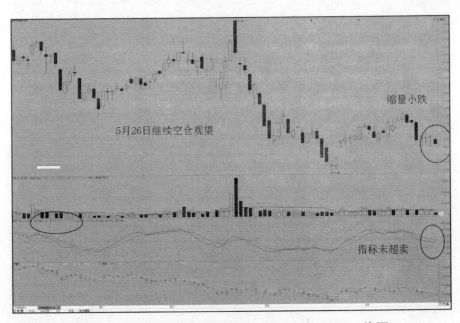

图 6-3　000753 漳州发展 2008 年 5 月 26 日日 K 线图

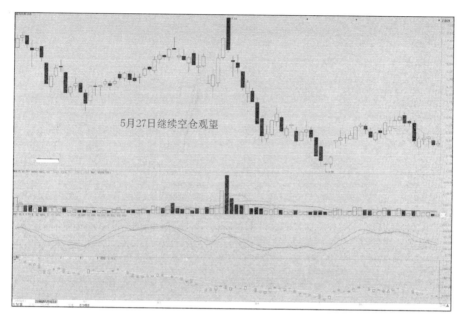

图 6-4　000753 漳州发展 2008 年 5 月 27 日日 K 线图

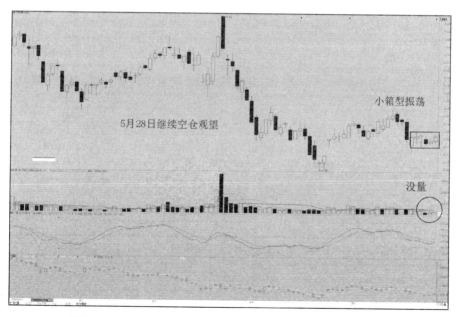

图 6-5　000753 漳州发展 2008 年 5 月 28 日日 K 线图

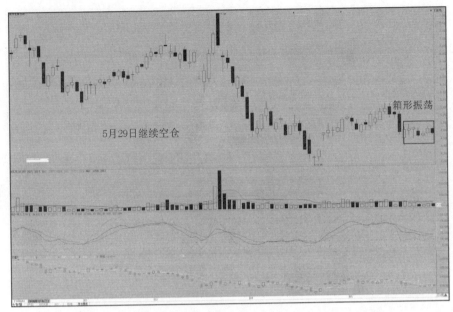

图 6-6　000753 漳州发展 2008 年 5 月 29 日日 K 线图

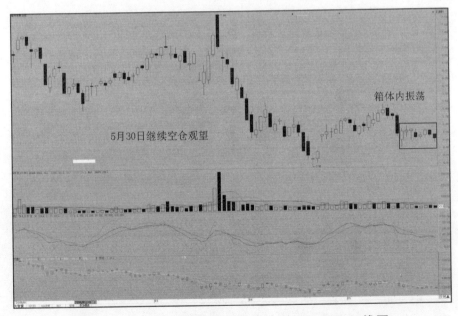

图 6-7　000753 漳州发展 2008 年 5 月 30 日日 K 线图

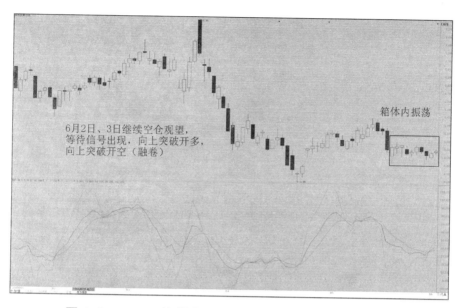

箱体内振荡

6月2日、3日继续空仓观望，
等待信号出现，向上突破开多，
向上突破开空（融卷）

图 6-8　000753 漳州发展 2008 年 6 月 2—3 日日 K 线图

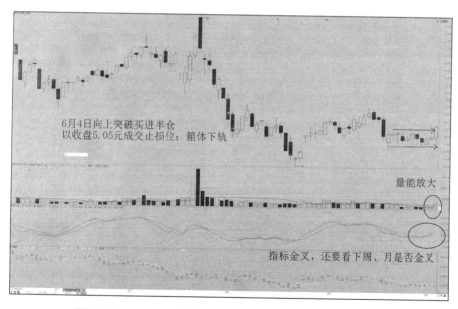

6月4日向上突破买进半仓
以收盘5.05元成交止损位：箱体下轨

量能放大

指标金叉，还要看下周、月是否金叉

图 6-9　000753 漳州发展 2008 年 6 月 4 日日 K 线图

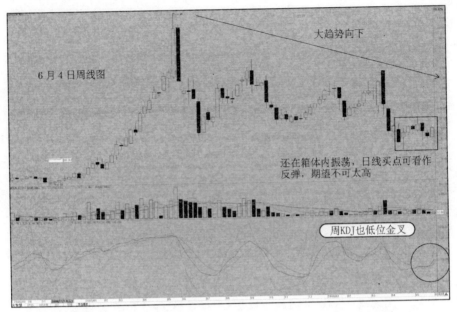

图 6-10　000753 漳州发展 2008 年 6 月 4 日周 K 线图

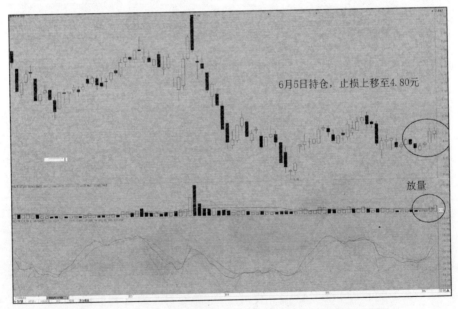

图 6-11　000753 漳州发展 2008 年 6 月 5 日日 K 线图

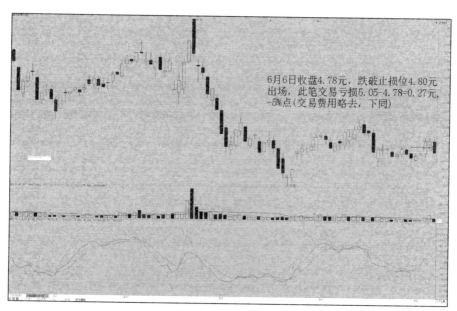

图6-12　000753 漳州发展 2008 年 6 月 6 日日 K 线图

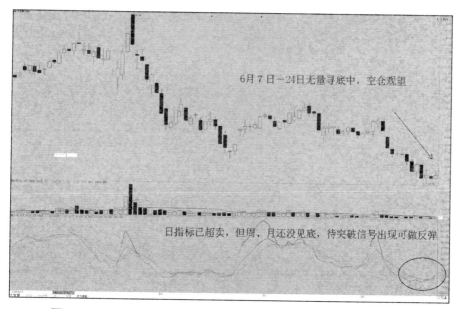

图6-13　000753 漳州发展 2008 年 6 月 7 日—24 日日 K 线图

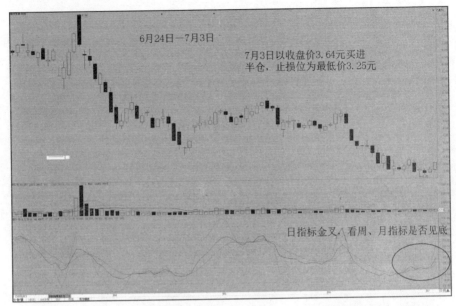

6月24日—7月3日

7月3日以收盘价3.64元买进
半仓，止损位为最低价3.25元

日指标金叉，看周、月指标是否见底

图6-14　000753漳州发展2008年6月24日—7月3日日K线图

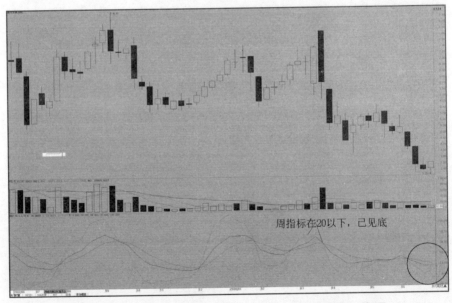

周指标在20以下，已见底

图6-15　000753漳州发展2008年7月3日周K线图

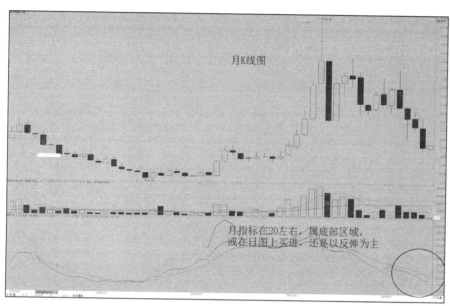

月K线图

月指标在20左右，属底部区域，
或在日图上买进，还是以反弹为主

图6-16 000753 漳州发展 2008 年 7 月 3 日月 K 线图

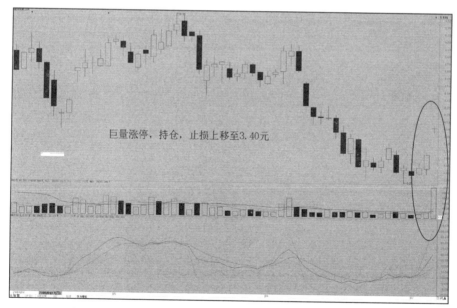

巨量涨停，持仓，止损上移至3.40元

图6-17 000753 漳州发展 2008 年 7 月 4 日日 K 线图

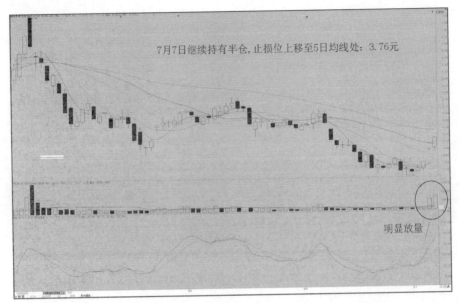

图 6-18　000753 漳州发展 2008 年 7 月 7 日日 K 线图

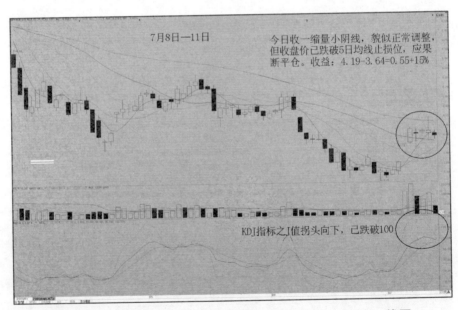

图 6-19　000753 漳州发展 2008 年 7 月 8 日—11 日日 K 线图

244

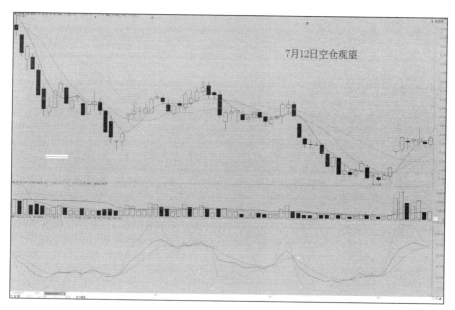

图 6-20　000753 漳州发展 2008 年 7 月 12 日日 K 线图

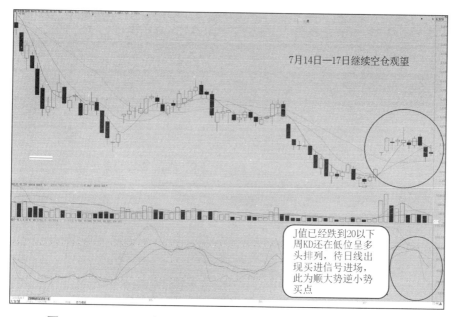

图 6-21　000753 漳州发展 2008 年 7 月 14 日—17 日日 K 线图

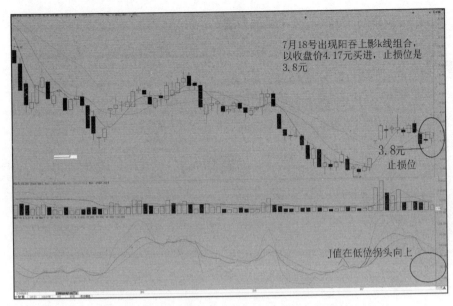

图 6-22　000753 漳州发展 2008 年 7 月 18 日日 K 线图

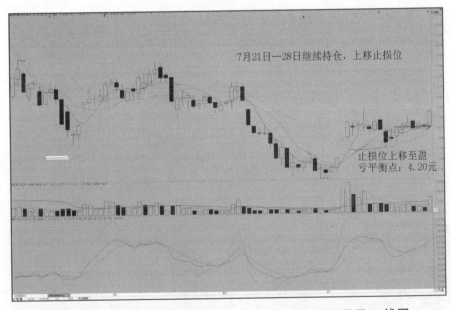

图 6-23　000753 漳州发展 2008 年 7 月 21 日—28 日日 K 线图

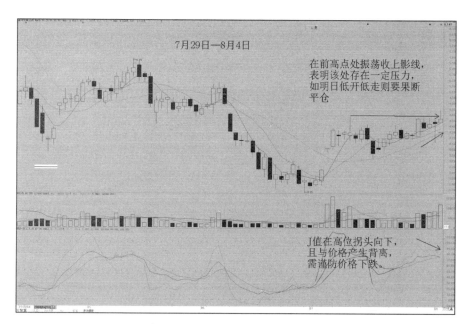

图 6-24 000753 漳州发展 2008 年 7 月 29 日—8 月 4 日日 K 线图

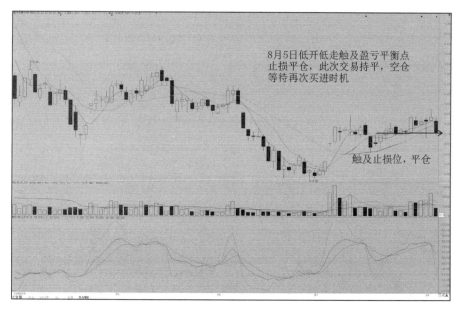

图 6-25 000753 漳州发展 2008 年 8 月 5 日日 K 线图

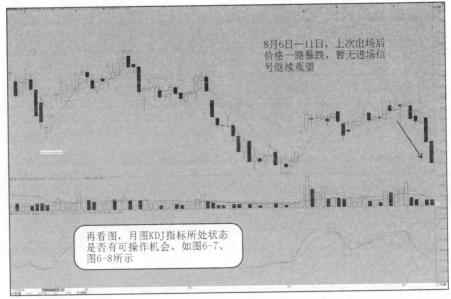

8月6日—11日，上次出场后
价格一路暴跌，暂无进场信
号继续观望

再看图，月图KDJ指标所处状态
是否有可操作机会。如图6-7、
图6-8所示

图 6-26 000753 漳州发展 2008 年 8 月 6 日—11 日日 K 线图

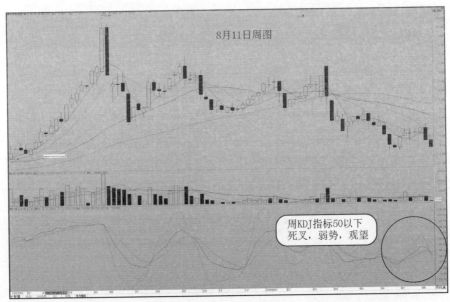

8月11日周图

周KDJ指标50以下
死叉，弱势，观望

图 6-27 000753 漳州发展 2008 年 8 月 11 日周 K 线图

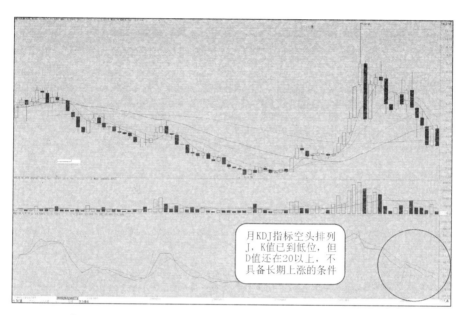

月KDJ指标空头排列
J、K值已到低位，但
D值还在20以上，不
具备长期上涨的条件

图 6-28 000753 漳州发展 2008 年 8 月 11 日月 K 线图

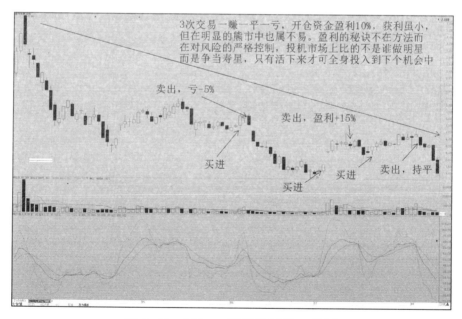

3次交易一赚一平一亏，开仓资金盈利10%，获利虽小，
但在明显的熊市中也属不易。盈利的秘诀不在方法而
在对风险的严格控制，投机市场上比的不是谁做明星
而是争当寿星，只有活下来才可全身投入到下个机会中

卖出，亏-5%

卖出，盈利+15%

买进

卖出，持平

买进

买进

图 6-29 000753 漳州发展日 K 线图

因篇幅所限，不能一一向后复盘讲解，笔者主要是告诉大家这种动态复盘的方法，具体买卖的参考工具可仁者见仁、智者见智，不必局限于哪一种指标或工具，只要是自己熟悉的，哪怕就是一根均线或只看 K 线都可以的，工具不在于多，而在于是否精通，越是简单的工具，临盘起来效果反而越好，下面就以上复盘做个总结，如图 6-29 所示。

第七章
股价拉升前的盘口奥秘

第一节　泰山压顶不弯腰：盘口压盘解密

　　盘口是主力获知散户和市场的主要渠道之一，也是市场主力之间相互沟通和探测对方的主要方式，本小节既是专门讲解主力通过盘口运作时常用的一些手法（之一），这些手法过去存在，现在还在运用，将来也不会消失，顶多是换汤不换药而已。因为人性的贪念、恐惧、多疑、幻想是不变的，什么时候人性变了，这些盘口手法也就失效了，但人性会变吗？几百年前的人性和现在的人性有本质上的区别吗？

　　本小节主要讲解盘口中压盘的真实含义，首先什么是压盘，怎样定义压盘。由于盘口的很多东西只可意会不好言传，仁者见仁、智者见智，所以，市面上关于压盘的定义有很多种，在笔者申请专利的"盘口精要核心技术"中对盘口中压盘的定义为：卖一至卖五上都有明显的大单，而买一至买五上却都是明显的小单，使人一眼看上去就感觉压力重重，有如泰山压顶般让人喘不过气来，让人感觉股价随时都可能跌下来。反过来即为托盘，即是卖一至卖五上只有明显的小单，而买一至买五上却都是明显的大单，给人的感觉是买盘特别充足股价跌不下来，让人感到特别的放心（注明：现在有了 L2 行情，可以看到很多档的买卖盘，但绝大多数的散户只能看到买五卖五，所以主力只会在买一卖一至买五卖五上做文章）。限于篇幅，本节只讲压盘的含义及用途、托盘在笔者的培训视频中有详细讲解，在此不赘述。压盘上的卖单必须是买单的数倍，越大越好，最好压得整整齐齐，盘口上的卖盘压单越大，则说明主力持有的筹码越多，在股价没有大幅拉升前，主力持有这么多筹码干吗呢，主力是慈善家吗？是为社会做贡献还是为企业的发展出力或为散户抬轿帮散户赚钱？主力不是活雷锋，现在持有大量筹码都是为了将来运作到高位再出货赚钱的，现在低位压盘只想拿到更多的低价筹码，以便轻松控盘运作到高位后赚更多的钱。所以，压盘的主要目的是为了吸筹，其次是为了拉升前的测试，在低位（股价没有明显的大幅拉升过）的压盘是主力吸筹行为，但在高位（股价经过明显的大幅拉升过）的压盘就是市场真实的卖压阻力了，如图 7-1、图 7-2 所示（在此只是举例，不是荐股）。

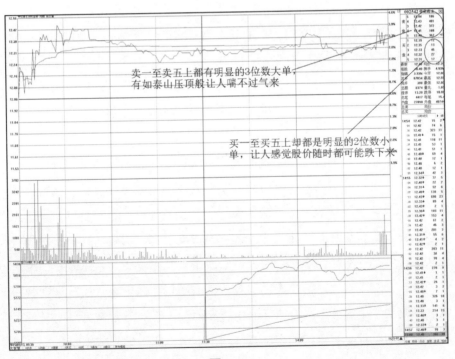

图 7-1

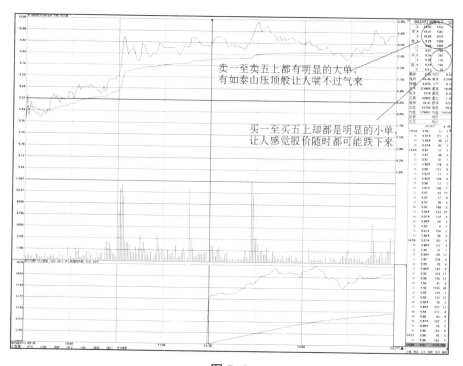

图 7-2

第二节 主力测试盘口：盘口压单解密

本节的盘口压单和上节的压盘有一字之差，但其市场含义都是一样的，压单是指卖一至卖五的任意一个卖档上有明显的大单压着，买一至买五的任意一个买档上都只有明显的小单，而压盘却是卖一至卖五每个档上整个卖盘都有明显的大单压着，压单看上去让人感觉盘口卖压很大，股价涨不上去，反之就是托单。在此只讲压单的含义及用途，一般来说，压盘是为了骗筹，而压单是主力在盘口测试散户跟单和抛单的情况变化而制定不同策略的一种试盘。如压单后市场抛盘增多，主力会继续压单，等到市场抛盘减少（盘口下面的成交明细不见大单，且单数稀少），再择机拉升，注意：压单和压盘的市场目的都是一样的，只是主力操作的手法不一样而已，如图 7-3、图 7-4 所示。

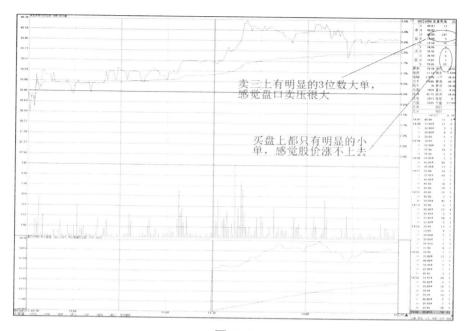

卖三上有明显的3位数大单，
感觉盘口卖压很大

买盘上都只有明显的小
单，感觉股价涨不上去

图 7-3

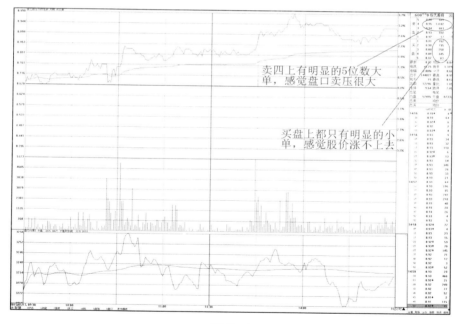

卖四上有明显的5位数大
单，感觉盘口卖压很大

买盘上都只有明显的小
单，感觉股价涨不上去

图 7-4

第三节　主力拉升前的盘口秘诀

由于主力是大资金运作，在盘口上必定会留下操作的痕迹，本节即是专讲主力拉升之前在盘口出现的一些特征（之一），现将本人在日常操盘中利用盘口捕捉主力拉升的盘口秘诀公布出来，与大家分享，以回报读者对笔者的支持与厚爱。

主力在拉升前的盘口特征具体表现为：

（1）股价必须没有出现过明显的大幅拉升。

（2）在低位出现压盘特征，一是主力吸筹（不在本书谈论范围，详情见笔者的培训视频），二是主力拉升前故作压力状（见本章第一节），此时大盘的分时曲线最好是下跌状态，而盘口上有明显的压盘，买盘却都是小单，让人感觉股价摇摇欲坠，随时都会跟随大盘下跌，然而在这危及关头股价就是不跌，而且盘口下面的成交明细中不见大单成交（此时不要管成交明细单的颜色是红还是绿，因为买卖单主力都可做出假象，详情见笔者的培训视频，在此不累述），且成交稀少（指每分钟成交笔数比较少，详情见前面章节），整个盘口表现出"泰山压顶不弯腰"的状态。

（3）在低位出现压单特征，这是主力在拉升前测试盘口的主要手法之一（压单特征详见本章第二节），此时大盘的分时曲线最好是下跌状态，而盘口上有明显的压单，买盘却只有小单，让人感觉心里不踏实，担心股价会跟随大盘下跌，然而在这微妙关头股价就是不跌，而且盘口下面的成交明细中不见大单成交（此时不要管成交明细单的颜色是红还是绿，因为买卖单主力都可做出假象，详情见笔者的培训视频，在此不累述），且成交稀少（指每分钟成交笔数比较少，详情见前面章节），整个盘口表现出"任他风雨缥缈，我自岿然不动"的状态。

（4）在大盘下跌时，盘口出现压盘或压单特征，并符合以上第一点和第二点或第三点时，个股却不跟随大盘下跌，盘中也不见大的抛单，说明筹码大都在主力手上，市场上的浮筹较少，主力已控盘，盘面相当稳定，主力随时可以启动拉升，当大盘分时曲线盘中下跌即将企稳时，如个股盘口出现明显的大单或连续的、密集的（每分钟成交笔数明显上升）大单扫掉压盘或压单时，可及时跟进，做到买在主力拉升的那一瞬间，如图7-5、图7-6、图7-7、图7-8、图7-9、图7-10所示。

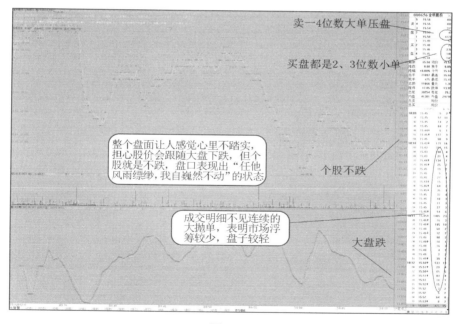

图7-5

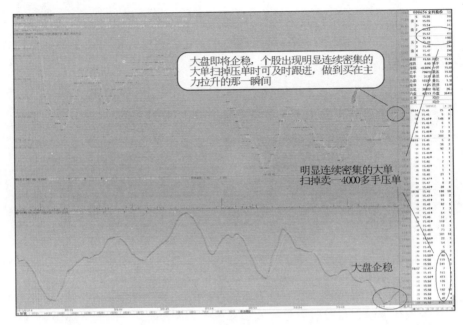

图 7-6

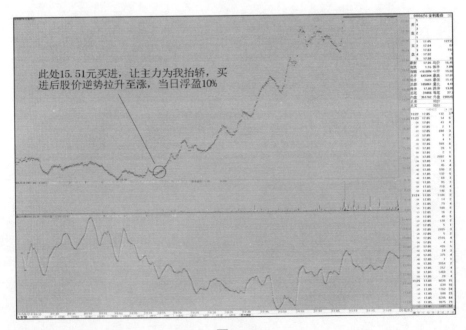

图 7-7

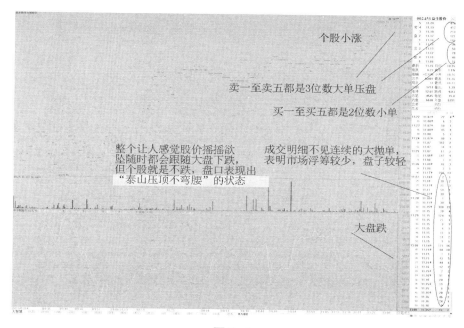

个股小涨

卖一至卖五都是3位数大单压盘

买一至买五都是2位数小单

整个让人感觉股价摇摇欲
坠随时都会跟随大盘下跌，
但个股就是不跌，盘口表现出
"泰山压顶不弯腰"的状态

成交明细不见连续的大抛单，
表明市场浮筹较少，盘子较轻

大盘跌

图 7-8

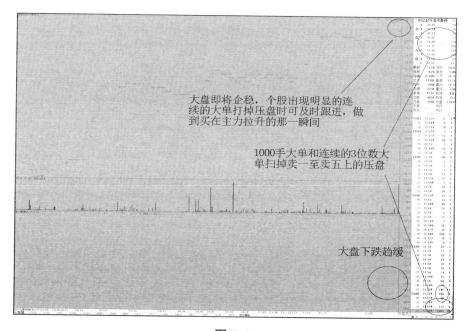

大盘即将企稳，个股出现明显的连
续的大单打掉压盘时可及时跟进，做
到买在主力拉升的那一瞬间

1000手大单和连续的3位数大
单扫掉卖一至卖五上的压盘

大盘下跌趋缓

图 7-9

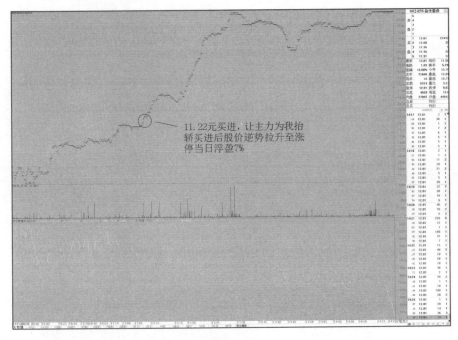

11.22元买进，让主力为我抬轿买进后股价逆势拉升至涨停当日浮盈7%

图 7-10

　　读者可将"主力拉升前的盘口秘诀"结合"分时图操作技术"（参见拙著《分时战法精要》）中的技法综合使用，会达到更好的效果。

　　盘口在选股择时上是非常重要的一环，但盘口的很多东西都千变万化，非笔墨所能尽述，由于本人的文笔欠佳，以上盘口所讲的一部分"压盘和压单"笔者用文字只能阐述一个大概，皮毛而已，请读者不要误认为笔者有意卖关子，实在是不管写多少，都有言不能尽的感觉，说比写要容易得多，更何况是写盘口，每一个盘口特征都是千变万化的，比如压盘和压单在主力运作的每个阶段都有利用，不论是吸筹、洗盘，还是拉升和出货，都有压盘和压单存在，主力手法不会变，变的只是价格所处的位置和市场处于各种状态下，所以，更多的精髓只能在笔者的培训视频中给大家讲解了，请看书的读者谅解。

　　最后，谢谢大家阅读拙著，并祝大家学以致用，投资顺利。

附录1：核心交易技术之
"捕捉强势股启动点交易技术" 视频简介

捕捉强势股启动点交易技术：

第一课　捕捉强势股启动点交易技术概要

第二课　擒贼先擒王，要买就买强势股

第三课　揭开强势股的奥秘

　　强势股在性质上的分类

　　强势股在各个级别上操作

　　强势股的二大类指标、三大形态、四大要素、七大定义

　　强势股操作的步骤：先大盘，后板块，再个股，K线图选股，分时图选时

第四课　强势股的二大类指标

　　强势股的价格类指标：价格类独创指标

　　强势股的量能类指标：量能类独创指标

　　强势股价量类指标的综合运用："价格类独创指标" 和 "量能类独创指标" 的综合运用

第五课　强势股的三大形态

所有的强势股都逃不出这三大形态，在大盘不同的时期会有相应的强势股形态选择要点

第六课　强势股的四大要素

强势股四大要素之：趋势

强势股四大要素之：形态

强势股四大要素之：K 线

强势股四大要素之：量能

强势股四大要素的综合运用

第七课　强势股的七大定义

强势股的七大定义为世界范围内首创且首次公开（视频内容远比本人出版的专著要详细、透彻得多）

第八课　强势股判断主力运作的技巧

强势股判断主力运作的吸筹阶段

强势股判断主力运作的洗盘阶段

强势股判断主力运作的拉升阶段

强势股判断主力运作的出货阶段

第九课　捕捉强势股核心技术的综合运用

综合研判强势股的二大类指标、三大形态、四大要素、七大定义来捕捉强势股启动点

第十课　捕捉强势股中龙头股的秘诀

捕捉强势龙头股秘诀之：板块轮动模式

捕捉强势龙头股秘诀之：强中强模式

捕捉强势龙头股秘诀之：多强模式

捕捉强势龙头股秘诀之：价量模式

捕捉强势龙头股秘诀之：指标模式

第十一课　实战案例分析

实盘案例详解

附录 2：核心交易技术之 "盘口精要核心技术" 视频简介

盘口精要核心技术：

第一课 盘口精要技术概要

1. 利用盘口来辨别主力实力，根据盘口来获知主力意图，深度解析盘口的每项指标、每个数据，让主力无处藏身。

2. 对一个职业投资者而言，盘口信息语言的解读标志着看盘水平的高低，会直接影响其操作绩效。对盘口信息的正确解读，将使我们透过盘中指数趋势及个股走势特征，研判出多空双方量的强弱转化，从而把握好股票炒作的节拍和韵律，这也是投资盈利尤其是投机制胜的一个关键所在。

3. 盘口是很多投资人都在关注并很想了解的市场技术之一，在市场上关于此类的技术也非常多，但真正有价值的却很少。首先我们要定义盘口分析技术，什么是盘口分析技术？盘口分析技术包含哪些要素？很多人将盘口和盘面混为一谈，严格来讲，盘口指的是买卖盘挂单、撤单、成交单等一些最原始最基础的反应价格变化的动态数据，而盘面指的是当前市场热点、资金流向、大势状态等动态和静态的整个市场的技术态势。本教程即在盘口分析的基础上综合了盘面分析，在盘中阻击主力拉升启动点，做到进场在主力拉升的那一瞬间。

4. 本教程的一大特点是盘中买点的进场与主力同步，也就是说在主力放量大单拉升的那一刻买进，享受主力抬轿的乐趣，并且买进价格绝不超过当日涨幅的5%，一般都在绿盘或涨幅1%~3%，避免过高追涨，买进后很多时候股价都封于涨停板或收大阳，即使不涨停，当天的平均收益也有2%~3%（本短线盈利技法不是每天都可操作的，只有在大盘振荡不跌或大盘向上波动时，于盘中符合具体条件的股票方可操作）。

第二课　盘口核心指标解密

量比解密：主力侦测器

委比解密：研判市场人气

总额解密：资金流向探测

现手解密：盘口实时监测

涨速解密：盘中热点监控

换手率解密：行情活跃度

振幅解密：主力异动监测

第三课　盘口精要技术解密之一

集合竞价：预知当日能否大涨

突然大单：主力异动行为

连续大单：有预谋的交易行为

密集成交：拉升前的预兆

压盘托盘：主力有预谋的盘口行为

压托盘单：主力测试盘口

大单压托：主力测试盘口

内盘外盘：买卖强弱对比

扫盘垫单：主力拉升时的测试单

第四课　盘口精要技术解密之二

砸盘压单：主力出逃或洗盘的测试单

主买主卖：主动性的买卖单

撤买撤卖：主力的盘口测试行为

填买填卖：主力的盘口测试行为

委买委卖：市场人气的温度计

大单分析：主力的交易动向

盘口强弱：反映主力的多空意向

拉升打压：情绪盘探测

盘口密码：主力操盘暗号

第五课　盘口综合应用

逆市上涨：大盘的反向指标：强庄、妖庄

领先上涨：先于大盘启动的强庄股

横盘抗跌：跌势见英雄：强庄、妖庄

领先大盘：领涨大盘的强势股

强于大盘：主力身在其中

领先新高：领涨大盘的龙头风范

不创新低：主力明显护盘

强势横盘：独立于大盘的强庄、妖庄

第六课　实盘案例

盘口实战案例详解

分时实战案例详解